CÊS HANA

KAREN LEVINE

Addasiad

EIGRA LEWIS ROBERTS

Gomer

I'm rhieni,
Helen a Gill Levine

ⓗ y testun gwreiddiol: Karen Levine, 2002 ©

ⓗ y testun Cymraeg: Eigra Lewis Roberts, 2005 ©

Teitl gwreiddiol: *Hana's Suitcase*

Cyhoeddwyd trwy ganiatâd Second Story Press, Toronto, Ontario, Canada.

Dogfen ar dudalen 63 o Amgueddfa Ghetto Terezin.
Llun ar dudalen 90 drwy ganiatâd Papur Newydd Chugoko, Siapan.

Argraffiad Cymraeg cyntaf – 2005

ISBN 1 84323 536 6

Dymuna'r cyhoeddwyr gydnabod cymorth Cyngor Llyfrau Cymru.

Argraffwyd yng Nghymru gan
Wasg Gomer, Llandysul, Ceredigion

Rhagair

Stori wir yw *Cês Hana*, yn digwydd ar dri chyfandir dros gyfnod o ymron i saith deg mlynedd. Mae'n cyfuno profiadau geneth a'i theulu yn Tsiecoslofacia yn y 1930au a'r 40au, merch ifanc a grŵp o blant yn Tokyo, Siapan, a gŵr yn Toronto, Canada yn ein dyddiau ni.

Blynyddoedd o ryfela fu'r rhai rhwng 1939 ac 1945. Roedd yr unben, Adolf Hitler, arweinydd y Natsïaid, am i'r Almaen reoli'r byd. Iddo ef, un o hanfodion y weledigaeth hon oedd dileu'r Iddewon oddi ar wyneb daear. Er mwyn cael gwared â'i 'elynion' sefydlodd ddwsinau o wersylloedd carcharorion – a elwid yn wersylloedd crynhoi – ledled Ewrop. Cafodd merched, dynion a phlant Iddewig eu hallgludo o bron bob gwlad ar y cyfandir. Fe'u cipiwyd o'u cartrefi ac anfonwyd hwy i'r gwersylloedd i wynebu dioddefaint arswydus. Bu llawer ohonynt farw o newyn ac afiechyd. Cafodd y mwyafrif eu llofruddio. Yn y gwersylloedd angau hyn, yn ogystal â mannau eraill – lle bu dilynwyr Hitler yn rhoi ei gynllun erchyll ar waith – lladdwyd chwe miliwn o Iddewon, yn cynnwys miliwn a hanner o blant.

Wedi i'r rhyfel ddod i ben yn 1945, daeth yr holl fyd i wybod am erchyllterau'r gwersylloedd crynhoi. Byth ers hynny, mae pobl wedi bod yn ceisio dod i ddeall rhagor am yr hyn a elwir heddiw yn 'Holocost', yr esiampl waethaf o ladd torfol – neu hil-laddiad – a welodd y byd erioed. Sut y bu i hynny ddigwydd? Sut y gallwn ni wneud yn siŵr na fydd byth yn digwydd eto?

Mae'r sylw a roddir i hanes yr Holocost yn beth cymharol newydd yn Siapan, gwlad oedd mewn cynghrair â'r Almaen Natsïaidd yn ystod yr Ail Ryfel Byd. Penderfynodd un noddwr dienw o Siapan, a oedd yn awyddus i gyfrannu at oddefgarwch a chyd-ddealltwriaeth byd-eang, ei bod yn bwysig i bobl ifanc y wlad gael gwybod mwy am yr agwedd hon ar hanes cydwladol. Ar ei liwt ei hun, cyfrannodd arian er mwyn sefydlu Canolfan Hyrwyddo Addysg yr Holocost, Tokyo, sy'n ymroi i wneud hynny.

Mewn Cynhadledd Plant ar yr Holocost a gynhaliwyd yn 1999, cyfarfu dau gant o ddisgyblion o ysgolion yn ardal Tokyo ag Yaffa Eliach, un a oroesodd yr Holocost. Dywedodd hi wrthynt sut y bu i bron bob un o'r Iddewon yn ei phentref hi, yn hen ac ifanc, gael ei lofruddio gan y Natsïaid. Ar derfyn ei sgwrs, atgoffodd ei chynulleidfa fod gan blant y gallu 'i greu heddwch yn y dyfodol'. Cymerodd dwsin o bobl ifanc Siapan oedd yno ei sialens o ddifri calon ac aethant ati i ffurfio grŵp a'u galw eu hunain 'Yr Adenydd Bychain'. Bellach bydd yr aelodau, sydd rhwng wyth a deunaw oed, yn cyfarfod bob mis. Maent yn cyhoeddi cylchlythyr, yn helpu i redeg y Ganolfan Addysg yn Tokyo ac yn gweithio er mwyn ennyn diddordeb rhagor o blant Siapan yn hanes yr Holocost. Byddant yn gweithredu o dan arweiniad Fumiko Ishioka, cyfarwyddwraig Canolfan yr Holocost yn Tokyo.

Mae'r cês – cês Hana – yn allwedd i lwyddiant eu hymgyrch. Ynddo, ceir stori sy'n cynnwys tristwch enbyd a llawenydd mawr. Mae'n ein hatgoffa o greulondeb y gorffennol ac yn symbol o obaith i'r dyfodol.

Tokyo, Siapan, Gaeaf 2000

Dydi o ddim ond cês cyffredin iawn yr olwg, o ddifri. Braidd yn rhacsiog o gwmpas yr ymylon, ond mewn cyflwr da.

Mae'n frown. Mae'n fawr. Fe allech chi ffitio cryn dipyn o bethau ynddo – dillad ar gyfer taith hir, efallai. Llyfrau, gêmau, trysorau, teganau. Ond does dim ynddo'n awr.

Daw plant i amgueddfa fechan yn Tokyo, Siapan, bob dydd i weld y cês hwn. Mae'n gorwedd mewn cwpwrdd gwydr. Ac fe allwch weld drwy'r gwydr fod yna ysgrifen ar y cês. Mewn paent gwyn, ar y

Cês Hana. Er ei bod hi'n sillafu ei henw ag un 'n', byddai'r Almaenwyr yn ei sillafu â dwy 'n', fel sydd ar y cês.

caead, mae enw geneth: Hana Brady. A dyddiad geni: Mai 16, 1931. Ac un gair arall: *Waisenkind*. Dyna'r gair Almaeneg am blentyn amddifad.

Fe ŵyr plant Siapan fod y cês wedi dod o Auschwitz, gwersyll crynhoi lle bu dioddef mawr a lle bu miliynau o bobl farw yn ystod yr Ail Ryfel Byd rhwng 1939 ac 1945. Ond pwy oedd Hana Brady? Un o ble'r oedd hi? I ble'r oedd hi'n mynd? Beth oedd ganddi yn ei chês? Sut y cafodd hi ei gadael yn amddifad? Pa fath o eneth oedd hi, a beth ddigwyddodd iddi?

Mae'r plant yn fwrlwm o gwestiynau. A chyfarwyddwraig yr amgueddfa hefyd, merch ifanc fain â gwallt hir du, o'r enw Fumiko Ishioka.

Mae Fumiko a'r plant yn tynnu'r cês allan o'r cwpwrdd gwydr, yn ofalus iawn, ac yn ei agor. Maen nhw'n chwilio'r pocedi ochr. Efallai fod Hanna wedi gadael rhyw gliw yno. Dim byd. Maen nhw'n edrych o dan y leinin polka-dot. Does yna'r un cliw yno chwaith.

Mae Fumiko yn addo i'r plant y gwnaiff hi bopeth o fewn ei gallu i ddod o hyd i hanes yr eneth oedd biau'r cês, i ddatrys y dirgelwch. Ac yn ystod y flwyddyn ddilynol, mae'n troi'n dditectif gan gribinio'r byd am gliwiau i stori Hana Brady.

Nove Mesto, Tsiecoslofacia, 1930au

Yng nghanol bryniau tonnog mewn talaith o'r enw Moravia, yn yr hen Tsiecolsofacia, roedd yna dref o'r enw Nove Mesto. Er nad oedd yn dref fawr, roedd hi'n enwog ac yn lle prysur iawn, yn arbennig yn y gaeaf. Deuai pobl o bob cwr o'r wlad i Nove Mesto i sgio traws gwlad. Roedd yno rasys i'w rhedeg, llwybrau i'w dilyn, a llynnoedd o rew i sglefrio arnynt. Yn ystod yr haf, roedd yno nofio, hwylio, pysgota a gwersylla.

Roedd Nove Mesto yn gartref i 4,000 o bobl. Bu'r dref unwaith yn enwog am gynhyrchu gwydr, ond yn y 30au roedd mwyafrif y trigolion yn gweithio yn y fforestydd ac mewn gweithdai bychain oedd yn gwneud sgis.

Safai adeilad mawr gwyn, deulawr ar y stryd fawr. Roedd iddo hefyd atig deulawr. Arweiniai twnnel cudd o'r seler i eglwys ar sgwâr y dref. Yn yr hen ddyddiau, pan oedd y dref dan warchae, câi'r twnnel ei ddefnyddio gan filwyr i storio bwyd a chyflenwadau ar gyfer pobl Nove Mesto.

Roedd siop bob peth y dref ar lawr isaf yr adeilad. Fe allech chi brynu bron unrhyw beth yno – botymau, jam, lampau olew a chribiniau, clychau slediau, cerrig i hogi cyllyll, llestri, papur a phinnau ysgrifennu a melysion. Roedd y teulu Brady yn byw ar yr ail lawr: Karel, y tad, Marketa, y fam, Hana a'i brawd mawr, George.

Byddai Tada yn gweithio yn y siop chwe diwrnod yr wythnos. Roedd Karel yn athletwr ac yn adnabyddus i'r mwyafrif o bobl Nove Mesto oherwydd ei hoffter o bêl-droed, sgio a gymnasteg. Roedd hefyd

Tref Nove Mesto a'r wlad o'i chwmpas.

yn actor amatur ac yn berchen ar lais fel taran y gellid ei glywed o un pen o gae chwarae i'r llall. Oherwydd hynny, ef gâi ei ddewis i gyflwyno'r rasys sgio traws gwlad dros y corn siarad, fel bod pawb yn clywed beth oedd yn digwydd. Roedd yn ddyn tân rhan-amser a byddai'n mynd allan ar yr injan dân gyda dynion eraill y dref i helpu pobl mewn argyfwng.

Roedd cartref y teulu Brady yn dŷ agored i bob math o artistiaid – cerddorion, arlunwyr a beirdd, cerflunwyr ac actorion. Pan oedden nhw'n llwglyd, byddent yn siŵr o gael pryd poeth yno bob amser, wedi'i baratoi gan Boshka, howscipar a chwc y teulu. Byddai yno gynulleidfa eiddgar i werthfawrogi eu doniau artistig yn cynnwys, wrth gwrs, dau blentyn direidus – Hana a George. Weithiau, byddid yn galw ar George i chwarae ei feiolin. Roedd Hana yn fwy na pharod i arddangos ei

Hana yn cymryd rhan mewn drama yn yr ysgol.

10

medr ar y piano i bwy bynnag oedd yn barod i wrando. Ac yn yr ystafell fyw, roedd yna beiriant chwarae recordiau a gâi ei weindio â llaw. Byddai Hana'n chwarae ei hoff gân – 'Mae gen i wyth caneri' – drosodd a throsodd.

Roedd Mam yn westeiwraig hael a chroesawgar gyda synnwyr digrifwch parod a chwerthiniad iach. Gweithiai hithau yn y siop chwe diwrnod yr wythnos. Yn aml iawn, deuai pobl yno'n unswydd i fwynhau ei jôcs a'i thynnu coes. Rhoddai sylw arbennig i dlodion Nove Mesto oedd yn byw ar gyrion y dref. Unwaith yr wythnos, byddai'n paratoi parseli o fwyd a dillad ac âi Hana i'w danfon at gymdogion anghenus. Roedd Hana'n falch iawn o gael gwneud hynny ac yn swnian ar ei mam i baratoi rhagor o barseli gofal.

Byddai Hana'n helpu yn y siop, hefyd. Er pan oedden nhw'n fychan iawn, Hana a George oedd yn gyfrifol am stocio'r silffoedd a'u cadw'n lân ac yn daclus. Roedden nhw wedi dysgu sut i dafellu burum, torri darnau oddi ar deisen siwgwr, pwyso perlysiau a

Nove Mesto. Roedd y teulu Brady yn byw ar ail lawr y pedwerydd adeilad o'r chwith. Roedd y siop ar y llawr isaf.

phupur a halen, a phlethu papur yn gonau i gael eu llenwi â melysion a'u gwerthu fel danteithion. Weithiau, byddai Mam yn sylwi fod rhai o'r conau'n eisiau. Ni fyddai Hana byth yn prepian ar George. Ac ni fyddai yntau byth yn prepian ar Hana.

Roedd yna gathod o gwmpas y siop bob amser, yn gweithio fel dalwyr llygod amser llawn. Ond unwaith, fel trêt arbennig, archebodd Mam a Tada ddwy gath fach angora yn anifeiliaid anwes i'r plant. Cyrhaeddodd dau fwndel gwyn, meddal trwy'r post mewn bocs a thyllau anadlu ynddo. Ar y dechrau, bu Sylva, bleiddgi'r teulu, creadur anferth, blewog, yn snwffian o'u cwmpas ac yn eu llygadu'n amheus. Ond cyn pen dim cafodd y ddwy gath fach, a fedyddiwyd gan Hana yn Micki a Mourek, eu derbyn yn aelodau o'r teulu.

Âi Hana a George i'r ysgol leol. Roedden nhw fel pob plentyn arall, yn llawn direidi ac yn rhannu'r problemau a'r llwyddiannau arferol. Un peth yn unig oedd yn eu gwneud nhw'n wahanol.

Iddewon oedd y Bradys. Er nad oedden nhw'n deulu crefyddol, roedd Mam a Tada am i'r plant fod yn ymwybodol o'u hetifeddiaeth. Unwaith yr wythnos, pan âi eu ffrindiau i'r eglwys, byddai athro arbennig yn galw yn eu cartref i'w dysgu am y gwyliau Iddewig a hanes y genedl.

Er bod yna rai teuluoedd eraill o Iddewon yn Nove Mesto, Hana a George oedd yr unig blant Iddewig. Yn ystod y blynyddoedd cynnar nid oedd neb yn sylwi nac yn malio eu bod nhw'n wahanol. Ond cyn bo hir, byddai'r ffaith mai Iddewon oedden nhw yn bwysicach nag un dim arall.

Tokyo, Gaeaf, 2000

Yn ei swyddfa yn Siapan, hanner ffordd ar draws y byd a dros hanner canrif yn ddiweddarach, cofiodd Fumiko Ishioka sut y daeth y cês i'w meddiant.

Yn 1998, roedd hi wedi dechrau ar ei gwaith fel trefnydd amgueddfa fechan o'r enw Canolfan Holocost Tokyo, un oedd yn rhoi'r pwyslais ar ddysgu plant Siapan am yr Holocost. Mewn cynhadledd yn Israel, cyfarfu Fumiko â rhai oedd wedi goroesi'r Holocost, pobl oedd wedi dioddef erchylìterau'r gwersylloedd crynhoi. Roedd hi wedi rhyfeddu at eu hoptimistiaeth a'u gallu i fwynhau

Fumiko yn dysgu plant am yr Holocost yn y Ganolfan.

13

Canolfan Hyrwyddo Addysg yr Holocost yn Tokyo, Siapan.

bywyd, er gwaethaf eu profiadau. Pan oedd hi'n teimlo'n ddigalon, byddai'n meddwl am y bobl hyn. Roedden nhw mor ddewr ac mor ddoeth. Roedd ganddynt gymaint i'w ddysgu iddi.

Roedd Fumiko am i bobl ifanc Siapan ddysgu oddi wrth yr Holocost hefyd. Ei gwaith hi oedd gwneud i hynny ddigwydd, ac nid gwaith hawdd mohono. Sut, tybed, y gallai helpu plant Siapan i ddeall stori erchyll yr hyn ddigwyddodd i filiynau o blant Iddewig ar gyfandir pell dros hanner canrif yn ôl?

Penderfynodd mai'r ffordd orau i fynd ati fyddai trwy ddefnyddio pethau y gallai'r plant eu gweld a'u cyffwrdd. Ysgrifennodd at amgueddfeydd Iddewig ac amgueddfeydd yr Holocost dros y byd i gyd – yng ngwlad Pwyl, yr Almaen, America ac Israel – yn gofyn a gâi fenthyg rhai pethau a fu'n eiddo i blant. Anfonodd gais ar y rhyngrwyd. Ysgrifennodd at unigolion a fyddai'n debygol o allu helpu. Roedd hi'n chwilio am bâr o esgidiau, ac am gês.

Ei gwrthod a wnaeth pawb, gan ddweud fod y pethau yr oedden nhw wedi eu gwarchod mor ofalus yn rhy werthfawr i'w hanfon i amgueddfa mor fechan, mor bell i ffwrdd. Ni wyddai Fumiko beth i'w wneud nesaf. Ond doedd hi ddim yn un i ildio'n hawdd. I'r gwrthwyneb. Nid oedd cael ei gwrthod, dro ar ôl tro, ond yn ei gwneud hi'n fwy penderfynol o ddal ati.

Yn ystod yr hydref, teithiodd Fumiko i wlad Pwyl, lle cawsai amryw o wersylloedd crynhoi y Natsïaid eu lleoli. Yno, ar safle'r gwersyll mwyaf enwog o'r cyfan, bu'n ymweld ag Amgueddfa Auschwitz. Erfyniodd am gael cyfarfod dirprwy gyfarwyddwr yr Amgueddfa. Cafodd bum munud i egluro'i neges. Gadawodd swyddfa'r dirprwy gyfarwyddwr gyda'r addewid y byddai ei chais yn cael ei ystyried.

Ychydig fisoedd yn ddiweddarach, cyrhaeddodd parsel o Amgueddfa Auschwitz. Ynddo roedd hosan ac esgid plentyn, siwmper plentyn, can o nwy gwenwynig Zyklon B ac un cês – cês Hana.

Fumiko Ishioka ac un o'r plant a fu'n ymweld â'r Ganolfan.

Byddai Hana wrth ei bodd yn chwarae yn yr awyr agored.

Nove Mesto, 1938

Roedd gan Hana wallt melyn, llygaid glas a wyneb crwn, tlws iawn. Roedd hi'n eneth gref. Bob hyn a hyn, byddai'n herio George i sgarmes, dim ond er mwyn dangos pa mor gyhyrog oedd hi. Er bod ei brawd dair blynedd yn hŷn, câi Hana'r gorau arno weithiau. Ond y rhan amlaf, byddai Hana a George yn chwarae'n gytûn.

Yn ystod yr haf, yn y nant fach y tu ôl i'w cartref, byddent yn cymryd arnynt eu bod yn y llynges. Wedi iddynt ddringo i mewn i hen dwb golchi pren, byddai'r ddau yn hwylio ymlaen nes i un ohonynt dynnu'r plwg o'r canol a pheri iddynt suddo, gan chwerthin a thasgu dŵr. Roedd yna dair siglen wahanol yn y cae y tu cefn i'r tŷ – un i blentyn bach, un ddwbl, ac un oedd yn crogi o goeden anferth uwchben y nant. Weithiau, byddai plant y gymdogaeth yn ymgasglu yno i gael gornest siglo. Pwy oedd yn gallu siglo uchaf? Pwy oedd yn gallu neidio bellaf? Hana, yn aml iawn.

Byddai'r ddau yn rasio ar hyd y coridorau hirion uwchben y siop, Hana ar ei sgwter coch a George ar ei sgwter glas. Yn y gaeaf, byddent yn adeiladu caerau eira ac yn sgio. Ond hoff beth Hana oedd sglefrio ac roedd hi'n gweithio'n galed er mwyn

Y plant yn adeiladu caer eira.

17

perffeithio ei phirwét. Weithiau, pan oedd yn gwisgo'i gwisg sglefrio goch – yr un â'r ffwr gwyn ar y llewys – byddai'n dychmygu mai tywysoges oedd hi, yn dawnsio ar y rhew. Byddai ei rhieni, ei ffrindiau a'i brawd yn cymeradwyo'r sglefrio a'r freuddwyd.

Hana yn ei gwisg sglefrio goch.

Oherwydd bod Mam a Tada'n gweithio chwe diwrnod yr wythnos, roedd boreau Sul yn rhai arbennig i'r teulu. Byddai Hana a George yn swatio dan y cwrlid plu meddal yng ngwely eu rhieni. Ar brynhawniau o haf, byddent oll yn dringo i'r car ac yn ei chychwyn hi am y gaer neu'r castell agosaf i gael picnic, weithiau yng nghwmni Ewythr Ludvik a Modryb Hedda oedd hefyd yn byw yn Nove Mesto. Yn y gaeaf, byddai teithiau ar slediau ac anturiaethau sgio traws gwlad. Roedd Hana'n sgiwraig fedrus iawn. Er mai hi oedd yr ieuengaf, Hana fyddai wastad yn arwain yr haid o gefndryd ar y llethr sgio wyth cilomedr rhwng Nove Mesto a phentref cyfagos (lle'r oedd ystafell de ardderchog a theisennau hufennog y tu hwnt o flasus).

Ond erbyn Nos Galan 1938, roedd yna deimlad newydd a bygythiol yn yr awyr, a sôn am ryfel. Adolf Hitler a'i Natsïaid oedd mewn grym yn yr Almaen. Yn gynharach yn y flwyddyn, roedd Hitler wedi goresgyn Awstria ac yna wedi symud ei fyddinoedd i rannau o Tsiecoslofacia. Dechreuodd ffoaduriaid – pobl a geisiai ddianc rhag y Natsïaid – guro ar ddrws y Bradys i ofyn am arian, bwyd a lloches. Byddai Mam a Tada'n rhoi croeso cynnes iddynt bob amser. Ond roedd y cyfan yn ddirgelwch i'r plant. Pwy ydy'r bobl hyn? meddyliai Hana. Pam maen nhw'n dod yma? Pam nad ydyn nhw eisiau aros yn eu cartrefi eu hunain?

Yn ystod y min nosau, wedi i Hana a George gael eu hanfon i'r gwely, byddai Mam a Tada yn eistedd wrth y radio i wrando ar y

Dysgodd Hana a George sgio pan oedden nhw'n ifanc iawn.

newyddion. Deuai ffrindiau i ymuno â nhw'n aml a byddent yn trafod y newyddion a glywsant hyd berfeddion nos. 'Rhaid i ni fod yn dawel,' medden nhw, 'rhag ofn i ni ddeffro'r plant.'

Roedd sgwrsio'r rhai mewn oed mor ddwys a'r trafodaethau mor chwyrn fel mai'n anaml iawn y bydden nhw'n clywed gwichian estyll y llawr yn y cyntedd tywyll, wrth i Hana a George gripian ar flaenau eu traed i'w safle gwrando ddirgel y tu allan i'r ystafell fyw. Clywodd y plant am y deddfau gwrth-Iddewig newydd yn Awstria. Clywsant am y *Kristallnacht* yn yr Almaen, pan fyddai heidiau o

Natsïaid ciaidd yn crwydro drwy'r ardaloedd Iddewig gan dorri ffenestri tai a siopau, llosgi synagogau, ac ymosod ar bobl yn y strydoedd.

'All hynny ddim digwydd yma, yn na all?' sibrydodd Hana wrth ei brawd.

'Shhhh,' meddai George. 'Os clywan nhw ni'n siarad, fe fyddan nhw'n siŵr o'n hel ni'n ôl i'r gwely.'

Un noson, cyflwynodd eu cymydog, Mr Rott, syniad brawychus i'r cwmni. 'Fe wyddon ni fod rhyfel ar ei ffordd,' meddai. 'Dydi hi ddim yn ddiogel i Iddewon aros yma. Fe ddylen ni i gyd adael Nove Mesto, gadael Tsiecoslofacia, am America, am Balesteina, am Ganada. Am unrhyw le. Gadael ar unwaith, cyn ei bod hi'n rhy hwyr.'

Roedd gweddill y cwmni wedi eu tarfu. 'Oes colled arnoch chi, Mr Rott?' gofynnodd un. 'Dyma'n cartref ni. Yma yr ydan ni'n perthyn.' A dyna ben ar y mater.

Er gwaetha'r adegau anodd, roedd y Bradys yn benderfynol o ddathlu dyfodiad 1939. Nos Galan, wedi gwledd o dwrci, selsig, salami a phwdin, aeth y plant ati i baratoi ar gyfer chwarae'r gêm draddodiadol o rag-weld y dyfodol. Cafodd Hana, George, a'u cefndryd ifanc o drefi cyfagos, hanner cneuen Ffrengig bob un a rhoesant gannwyll fechan ym mhob un ohonynt. Llusgwyd basn mawr yn llawn dŵr i ganol yr ystafell a lansiodd y plant eu cychod cnau. Siglodd cwch George, un ar ddeg oed, o gwmpas yn y dŵr, troi ar gylch, ac yna stopio ar sgiw yn ei unfan. Daliodd ei gannwyll i losgi. Lansiodd Hana, wyth oed, ei chwch hithau. Am foment, llithrodd ymlaen heb gryndod. Yna ysgytiodd a throi ar ei ochr. Trawodd y gannwyll y dŵr, a diffodd.

Tokyo,
Mawrth, 2000

O'r diwrnod y cyrhaeddodd y cês Tokyo, cawsai Fumiko a'r plant eu hudo ganddo. Byddai Akira, oedd yn ddeg oed a wastad wrth ei bodd yn dweud jôcs ac yn pryfocio, yn holi tybed sut deimlad oedd bod yn amddifad. Roedd Maiko yn hŷn, yn mwynhau partïon ac yn aelod medrus o dîm nofio ar y cyd, ond byddai'n tawelu bob tro y gwelai'r cês. Gwnâi iddi feddwl tybed sut y byddai hi'n teimlo petai'n cael ei gwahanu oddi wrth ei ffrindiau.

Y cês oedd yr unig beth oedd ganddynt yn y Ganolfan y gellid ei gysylltu ag enw. Daeth Fumiko a'r plant i'r casgliad, yn ôl y dyddiad oedd arno, fod Hana yn dair ar ddeg oed pan anfonwyd hi i Auschwitz. 'Blwyddyn yn iau na fi,' meddai un eneth. 'Yr un oed â fy chwaer fawr,' meddai Akira.

Anfonodd Fumiko lythyr at Amgueddfa Auschwitz yn gofyn a allent ei helpu i ddarganfod rhywfaint o hanes yr eneth oedd biau'r cês. 'Na' oedd yr ateb. Ni wyddent ddim o'i hanes, mwy na hithau. Pan ddywedodd hynny wrth y plant, anogodd Maiko hi i roi cynnig ar rywle arall. 'Peidiwch â rhoi'r gorau iddi,' meddai Akira. Roedd y plant i gyd yn cymell fel un côr: 'Daliwch i chwilio.' Addawodd Fumiko wneud hynny.

Ysgrifennodd Fumiko at Yad Vashem, Amgueddfa'r Holocost yn Israel. 'Na, dydan ni erioed wedi clywed am ferch o'r enw Hana Brady,' atebodd y cyfarwyddwr. 'Ydach chi wedi rhoi cynnig ar Amgueddfa Goffa'r Holocost yn Washington, DC?' Anfonodd Fumiko lythyr ar unwaith i Washington, ond yr un oedd yr ateb: 'Does ganddon ni ddim gwybodaeth o fath yn y byd am eneth o'r enw Hana Brady'. Roedd y sefyllfa'n un anobeithiol!

Yna, yn gwbl annisgwyl, derbyniodd Fumiko lythyr o Amgueddfa Auschwitz. Roedden nhw wedi darganfod rhywbeth. Roedden nhw wedi dod o hyd i enw Hana ar restr a ddangosai fod Hana wedi dod i Auschwitz o le o'r enw Theresienstadt.

Nove Mesto, 1939

Ar fis Mawrth 15, 1939, goresgynnodd byddinoedd y Natsïaid weddill Tsiecoslofacia a newidiodd bywyd teuluol y Bradys am byth. Haerai'r Natsïaid fod yr Iddewon yn anfad, yn ddylanwad drwg, ac yn beryglus. O hyn ymlaen, byddai'n rhaid i'r teulu Brady a'r Iddewon eraill yn Nove Mesto lynu at reolau gwahanol.

Ni châi Iddewon adael eu tai ond yn ystod rhai oriau pendant. Ni chaent brynu nwyddau ond mewn rhai siopau, a hynny ar adegau arbennig. Ni chaniateid iddynt deithio. Oherwydd hynny ni allent

Bu Hana a George yn gefn i'w gilydd wrth i reolau'r Natsïaid gynyddu.

bellach ymweld â hoff fodryb, ewythr a nain yn y trefi cyfagos. Gorfodwyd y Bradys i ddatgelu'r oll o'u heiddo i'r Natsïaid – darluniau, gêmau, offer bwyta, llyfrau banc. Aethant ati'n ddioed i gelu'r papurau mwyaf gwerthfawr yn nho'r atig. Cuddiwyd casgliad stampiau Tada a llestri arian Mam yn nhai cymdogion, ffrindiau nad oedden nhw'n Iddewon. Ond bu'n rhaid mynd â'r radio i swyddfa ganolog a'i hildio i un o swyddogion y Natsïaid.

Un diwrnod, ymunodd Hana a George â'r ciw oedd yn aros y tu allan i'r sinema i weld *Eira Wen a'r Saith Corrach*. Pan ddaethant at y swyddfa docynnau gwelsant arwydd ac arno'r geiriau, 'Dim Iddewon'. Trodd y ddau ar eu sodlau, eu hwynebau'n wridog a'u llygaid yn llosgi, a'i hel hi am adref. Pan gyrhaeddodd Hana'r tŷ, roedd hi o'i cho'n lân ac wedi cynhyrfu'n arw. 'Be sy'n digwydd i ni? Pam na cha i fynd i'r sinema? Pam na alla i anwybyddu'r arwydd?' Syllodd Mam a Tada'n ddifrifol ar ei gilydd. Nid oedd atebion yn hawdd i'w cael.

Cyflwynid rhyw gyfyngiad newydd bob wythnos. Dim Iddewon ar y caeau chwarae a meysydd chwaraeon y dref. Dim Iddewon yn y parciau. Ni châi Hana fynd i'r gampfa mwyach. Roedd hyd yn oed y llyn sglefrio wedi'i wahardd. Parodd y rheolau newydd ddryswch i'w ffrindiau hefyd ar y dechrau. Roedden nhw'n eistedd efo'i gilydd yn yr ysgol, yn union yr un fath ag afer, ac yn dal i gael hwyl wrth chwarae triciau yn yr ystafell ddosbarth ac yng ngerddi cefn y tai. 'Fe fyddwn ni efo'n gilydd am byth, beth bynnag ddaw,' addawodd Maria, ffrind gorau Hana. 'Chaiff neb ddweud wrthon ni efo pwy y cawn ni chwarae!'

Ond yn raddol, wrth i'r misoedd lusgo ymlaen, rhoddodd pob un o ffrindiau Hana, hyd yn oed Maria, y gorau i alw heibio ar ôl yr ysgol ac ar benwythnosau. Roedd rhieni Maria wedi ei gorchymyn i gadw'i phellter oddi wrth Hana. Ofn oedd ganddynt y byddai'r Natsïaid yn cosbi holl aelodau'r teulu am ganiatáu i Maria fod yn ffrindiau â phlentyn Iddewig. Roedd Hana yn sobor o unig.

Roedd colli un ffrind ar ôl y llall, a phob rheol newydd, yn gwneud i Hana a George deimlo fod eu byd yn mynd yn llai ac yn llai. Roedden

Hana a'i mam yn rhoi dillad ar y lein.

nhw'n ddig. Roedden nhw'n drist. Ac roedden nhw'n anniddig. 'Be sydd 'na i'w wneud?' holai'r ddau. 'Lle allwn ni fynd rŵan?'

Gwnâi Mam a Tada eu gorau i symud meddwl y plant a'u helpu i ddod o hyd i ffyrdd newydd o ddifyrru eu hunain. 'Rydan ni'n lwcus fod ganddon ni ardd mor fawr,' meddai Mam. 'Fe allwch chi chwarae cuddio a chael tro ar y siglen. Fe allwch chi ddyfeisio gêmau. Fe allwch chi gymryd arnoch bod yn ddau dditectif yn y storfa. Fe allwch chi archwilio'r twnnel cudd. Fe allwch chi chwarae meim. Diolchwch fod ganddoch chi'ch gilydd!'

Er bod Hana a George yn ddiolchgar fod ganddyn nhw'i gilydd ac yn gallu cyd-chwarae, ni allai hynny wneud iawn am yr holl bethau na allent eu gwneud mwyach a'r holl fannau na allent fynd iddynt. Un diwrnod braf o wanwyn a'r haul yn disgleirio, eisteddai'r ddau yn y cae, wedi diflasu, yn ffidlan efo'r gwair. Yn sydyn dechreuodd Hana feichio crio. 'Dydi o ddim yn deg,' cwynodd. 'Mae'n gas gen i hyn. Rydw i eisiau i bethau fod fel roeddan nhw.' Plyciodd lond dwrn o wair yn rhydd o'r ddaear a'i daflu i'r awyr. Edrychodd ar ei brawd. Gwyddai ei fod yntau yr un mor ddigalon. 'Aros di yn fan'ma,' meddai George. 'Mae gen i syniad.' Roedd yn ei ôl cyn pen dim, yn cario pàd a phìn ysgrifennu, potel wag a rhaw.

'Be ydi pwrpas rheina i gyd?' gofynnodd Hana.

'Falla y bydd rhoi'r holl bethau sy'n ein poeni ni ar bapur yn help i wneud i ni deimlo'n well,' atebodd yntau.

'Dyna be ydi syniad twp,' meddai Hana. 'Ddaw hynny ddim â'r parc a'r cae chwarae'n ôl. Ddaw o ddim â Maria'n ôl.'

Ond roedd George yn benderfynol. Ef, wedi'r cyfan, oedd y brawd mawr, ac nid oedd gan Hana ddim byd gwell i'w gynnig. Bu'r plant wrthi am rai oriau yn tywallt eu digalondid ar bapur, gyda George yn gwneud y rhan fwyaf o'r ysgrifennu a Hana'n gwneud y rhan helaeth o'r siarad. Fe wnaethon nhw restrau o'r pethau yr oedden nhw'n gweld eu colli ac o'r pethau oedd yn eu gwylltio. Yna fe wnaethon nhw restrau o'r holl bethau y bydden nhw'n eu gwneud, yr holl bethau y bydden nhw'n eu cael, a'r holl fannau y bydden nhw'n ymweld â nhw pan âi'r adegau tywyll hyn heibio.

Wedi iddynt orffen, cymerodd George y tudalennau a'u rowlio'n diwb, eu gwthio i'r botel a rhoi'r corcyn arni. Yna cerddodd y ddau i gyfeiriad y tŷ gan oedi wrth y siglen ddwbl. Yno, tyllodd Hana dwll mawr. Hon fyddai cuddfan peth o'u digalondid a'u hanniddigrwydd. Gosododd George y botel ar waelod y twll a rhawiodd Hana'r pridd yn ôl iddo. Pan oedd y cyfan drosodd roedd y byd yn ymddangos ychydig yn ysgafnach ac yn fwy siriol, am un diwrnod o leiaf.

Hana a George.

26

Roedd hi'n anodd gwneud synnwyr o bopeth oedd yn digwydd. Yn arbennig rŵan fod y radio wedi mynd. Roedd Mam a Tada wedi dibynnu ar y newyddion wyth o'r gloch o Lundain, Lloegr, bob nos er mwyn cael gwybod beth oedd gweithred anfad ddiweddaraf Hitler. Ond cawsai'r Iddewon orchymyn i fod yn eu tai erbyn wyth o'r gloch. Roedd gwrando ar y radio wedi cael ei wahardd yn llwyr a'r gosb am dorri unrhyw reol yn un lem iawn. Roedd pawb yn ofni cael eu restio.

Dyfeisiodd Tada gynllwyn i gael y gorau ar reolau'r Natsïaid. Aeth at hen ffrind iddo, ceidwad cloc mawr yr eglwys, i ofyn cymwynas. A fyddai'n malio troi'r cloc yn ôl chwarter awr yn gynnar gyda'r nos? Rhoddai hynny gyfle i Tada ruthro i dŷ cymydog i wrando ar y newyddion a bod yn ôl adref pan ganai'r gloch am wyth (chwarter wedi wyth mewn gwirionedd). Nid oedd y gard a fyddai'n patrolio sgŵar y dref fymryn callach. Ac roedd Tada wrth ei fodd fod ei gynllwyn wedi llwyddo. Yn anffodus, newyddion drwg a glywai ar y radio. Drwg iawn. Roedd y Natsïaid yn ennill pob brwydr ac yn dynesu ar bob ffrynt.

Tokyo,
Mawrth 2000

Theresienstadt. Gwyddai Fumiko a'r plant erbyn hyn mai o Theresienstadt y daethai Hana i Auschwitz. Roedd Fumiko yn gyffro i gyd. Hwn oedd y tamaid pendant cyntaf o wybodaeth iddi ei gael am Hana. Y cliw cyntaf.

Theresienstadt oedd yr enw a roesai'r Natsïaid ar Terezin, tref yn Tsiecoslofacia. Roedd hi'n dref fach brydferth, gyda dwy gaer fawreddog a adeiladwyd ar gyfer carcharorion militaraidd a gwleidyddol. Wedi i'r Natsïaid oresgyn Tsiecoslofacia, troesant Terezin yn ghetto Theresienstadt – carchar-dref gaerog, orlawn, o dan warchae, ar gyfer yr Iddewon a orfodwyd i adael eu cartrefi. Yn ystod yr Ail Ryfel Byd, anfonwyd dros 140,000 o Iddewon yno – 15,000 ohonynt yn blant.

Arhosodd Fumiko ar ei thraed yn hwyr y nos yn darllen popeth y gallai ddod o hyd iddo am Theresienstadt, ei swyddfa'n llewyrch o olau yn nhywyllwch y Ganolfan.

Daeth i wybod fod pethau erchyll wedi digwydd yn Theresienstadt, a bod bron pawb a garcharwyd yno yn ystod y cyfnod hwnnw wedi cael eu rhoi ar drenau a'u hanfon i'r gwersylloedd crynhoi mwy erchyll fyth yn y dwyrain, nad oedden nhw'n ddim ond gwersylloedd angau.

Ond daeth Fumiko i wybod hefyd fod pethau dewr a chalonogol wedi digwydd yn Theresienstadt. Ymysg y rhai hŷn roedd yna rai pobl arbennig iawn – arlunwyr galluog, cerddorion enwog, haneswyr, athronwyr, cynllunwyr dillad, gweithwyr cymdeithasol. Yr oll ohonynt yn Thersienstadt am mai Iddewon oedden nhw. Roedd yna beth wmbredd o dalent, hyfforddiant a gwybodaeth wedi dod at ei gilydd rhwng muriau'r ghetto. O dan drwynau'r Natsïaid, bu'r carcharorion yn cynllwynio yn y dirgel i sefydlu amserlen gymhleth o addysgu, cynhyrchu a pherfformio ar gyfer plant a rhai hŷn. Roedd hon yn fenter beryglus iawn ond roedden nhw'n benderfynol o atgoffa'u myfyrwyr – er gwaethaf y rhyfel, er gwaethaf yr amgylchedd llwydaidd, cyfyng, er gwaethaf popeth – fod y byd yn lle hardd, ac y gallai pob unigolyn gyfrannu ato.

Darganfu Fumiko hefyd fod y plant yn Theresienstadt yn cael eu dysgu i arlunio a phaentio. A thrwy ryw wyrth, roedd 4,500 o'r lluniau a wnaed gan y plant hyn wedi goroesi'r rhyfel. Dechreuodd calon Fumiko guro'n gyflymach. Tybed a oedd yna ymysg y lluniau hynny un neu ragor o waith Hana Brady?

Nove Mesto,
Hydref 1940 – Gwanwyn 1941

Daeth yr hydref ag ias oer i'w ganlyn, yn ogystal â rhagor o gyfyngiadau a chaledi.

Roedd Hana ar fin symud i'r trydydd dosbarth pan gyhoeddodd y Natsïaid na châi plant Iddewig fynychu'r ysgol mwyach. 'Cha i byth weld fy ffrindiau rŵan!' llefodd Hana, pan dorrodd ei rhieni'r newydd drwg iddi. 'Cha' i byth fod yn athrawes ar ôl i mi dyfu i fyny!' Byddai wastad yn breuddwydio am gael sefyll o flaen dosbarth a phawb yn gwrando'n astud ar beth bynnag oedd ganddi i'w ddweud.

Roedd Mam a Tada yn benderfynol y byddai Hana a George yn dal ymlaen â'u haddysg. Yn ffodus, roedd ganddynt ddigon o arian i allu fforddio cyflogi merch ifanc o'r pentref nesaf i fod yn diwtor i Hana, ac un o'r ffoaduriaid, athro coleg wedi ymddeol, i ddysgu George.

Gwnâi Mam ati i fod yn siriol. Byddai'n cyfarch Hana yn hwyliog ben bore. 'Mae'n amser brecwast,' meddai. 'Dwyt ti ddim eisiau bod yn hwyr i'r *ysgol*.' A bob bore, byddai Hana yn ymuno â'i thiwtor newydd wrth y bwrdd yn yr ystafell fwyta. Roedd ei hathrawes yn ferch ifanc garedig a gwnaeth ei gorau glas i annog Hana i gymryd diddordeb mewn darllen, ysgrifennu a rhifyddeg. Daeth â bwrdd du bychan gyda hi a'i roi i bwyso yn erbyn cadair. O dro i dro, byddai'n caniatáu i Hanna ddefnyddio'r sialc i dynnu lluniau ac yn gadael iddi guro'r llwch sialc o'r brws. Ond nid oedd na ffrindiau, na chastiau, nac amser chwarae yn yr ysgol hon. Câi Hana hi'n anodd talu sylw a chanolbwyntio ar ei gwersi. Yn nhywyllwch gaeaf, roedd y byd fel petai'n cau am y teulu Brady.

Ac yn wir, pan ddaeth y gwanwyn, digwyddodd trychineb. Ym Mawrth 1941, cafodd Mam ei restio gan y Gestapo, yr heddlu cudd gwladol oedd yn codi arswyd ar bawb.

Derbyniodd Mam lythyr yn ei gorchymyn i ymddangos ym mhencadlys y Gestapo yn Iglau, tref gyfagos, am naw o'r gloch y bore. Er mwyn bod yno mewn pryd, byddai'n rhaid iddi adael ganol nos. Roedd ganddi un diwrnod i drefnu popeth ac i ffarwelio â'i theulu.

Galwodd Hana a George i'r ystafell fyw. Eisteddodd ar y soffa gan dynnu'r plant yn glòs ati. Dywedodd fod yn rhaid iddi fynd i ffwrdd am sbel. Swatiodd Hana yn nes at ei mam. 'Rhaid i chi fod yn blant da wedi i mi adael,' meddai. 'Rydw i am i chi wrando'n ofalus ar Tada a bod yn ufudd iddo. Mi ysgrifenna i atoch chi,' addawodd. 'Wnewch chi anfon llythyr yn ôl?'

Trodd George ei ben draw. Crynodd Hana. Roedd y plant yn rhy syfrdan i allu ateb. Nid oedd Mam erioed wedi eu gadael o'r blaen.

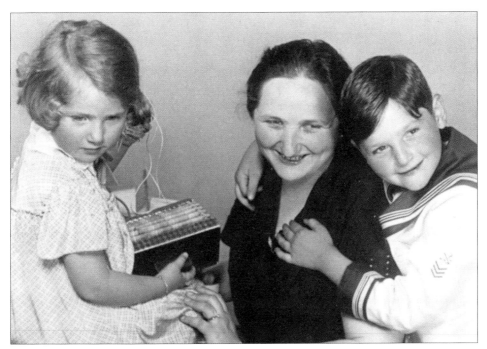

Hana, ei mam a George, mewn cyfnod hapusach.

Y noson honno, wrth iddi lapio Hana'n glyd yn ei gwely, gafaelodd Mam yn dynn amdani. Rhedodd ei bysedd yn dyner drwy'i gwallt, fel y gwnâi pan oedd Hana yn ddim o beth. Canodd ei hoff hwiangerdd, drosodd a throsodd. Syrthiodd Hana i gysgu a'i breichiau am wddw'i mam. Pan ddihunodd Hana yn y bore, roedd Mam wedi mynd.

Ebrill 2000

Prin y gallai Fumiko gredu'i llygaid pan gyrhaeddodd amlen ei swyddfa yn Tokyo. Ychydig wythnosau ynghynt, roedd hi wedi anfon llythyr at Amgueddfa Ghetto Terezin, sydd bellach yn rhan o Weriniaeth Tsiecoslofacia, yn egluro pa mor awyddus oedd hi a'r plant i ddarganfod unrhyw beth a fyddai'n eu cysylltu â Hana. Dywedodd y rhai a weithiai yno na wyddent ddim o hanes personol Hana. Ond fe wyddent am y casgliad enfawr o luniau a guddiwyd yn y gwersyll. Roedd amryw o'r lluniau yn cael eu harddangos yn yr Amgueddfa Iddewig yn Prâg.

Agorodd Fumiko'r amlen. Roedd hi wedi cynhyrfu cymaint fel bod ei dwylo'n crynu. Ynddo roedd pump o luniau. Roedd un llun mewn lliw o ardd a mainc. Dangosai un arall bobl yn cael picnic ar lan afon. Roedd y gweddill mewn pensel a siarcol, un llun o goeden, un arall o weision fferm yn trin gwair yn y cae, a'r llall o bobl matsys yn gadael trên, ac yn cario cesys. Ar dop bob un, yn y gornel dde, roedd yr enw 'Hana Brady'.

Un o'r lluniau a dynnodd Hana yn Theresienstadt.

Nove Mesto, Hydref 1941

Gan ei bod wedi addo i'w mam, gwnaeth Hana'i gorau i fod yn dda ac yn ufudd drwy helpu'i thad a gwneud ei gwersi. Byddai Boshka, eu howscipar, yr oedd gan bawb feddwl y byd ohoni, yn ceisio paratoi hoff brydau bwyd Hana ac yn rhoi dogn ychwanegol o bwdin iddi. Ond roedd Hana'n hiraethu'n ddychrynllyd am ei mam, yn arbennig yn y nos. Ni allai neb arall fwytho'i gwallt mor dyner â hi. Ni allai neb arall ei suo i gysgu. Ac roedd pawb yn gweld colli'r chwerthiniad iach a fyddai'n atsain drwy'r tŷ.

Cawsai'r plant wybod fod eu mam mewn lle o'r enw Ravensbruck, gwersyll crynhoi i ferched yn yr Almaen. 'Ydi fan'no'n bell iawn?' gofynnodd Hana i'w thad.

'Pryd bydd hi'n dod adra?' holodd George. Sicrhaodd Tada'r plant ei fod yn gwneud popeth a allai i'w chael hi allan o Ravensbruck.

Un diwrnod, pan oedd Hana'n darllen yn ei hystafell, clywodd Boshka yn galw arni. Penderfynodd ei hanwybyddu. Nid oedd arni awydd gwneud unrhyw waith tŷ. A beth arall oedd yna i edrych ymlaen ato? Ond roedd Boshka'n dal i alw arni. 'Hana, Hana? Lle'r wyt ti? Brysia! Mae 'na rywbeth arbennig iawn yn aros amdanat ti yn y swyddfa bost.'

Pan glywodd Hana hynny, gollyngodd ei llyfr. Tybed a allai'r 'rhywbeth' hwn fod yr hyn yr oedd wedi bod yn dyheu amdano yn fwy na dim? Rhuthrodd allan o'r tŷ a rhedodd i lawr y stryd i'r swyddfa bost. Aeth at y cownter. 'Oes ganddoch chi rywbeth i mi?'

gofynnodd. Llithrodd y ferch barsel bychan brown drwy'r agen. Rhoddodd calon Hana naid pan adnabu ysgrifen ei mam. Crynai ei bysedd wrth iddi ei agor. Ynddo roedd calon fach frown wedi'i gwneud o does a'r llythrennau 'HB' wedi eu torri arni. Roedd y parsel yn cynnwys llythyr hefyd.

> *Fy nghariad gwyn i, rydw i'n dymuno'r gorau i ti ar dy ben blwydd. Mae'n ddrwg gen i na alla i dy helpu di i chwythu'r canhwyllau eleni. Ond rydw i wedi gwneud y galon yma i ti gael ei osod fel tlws ar dy freichled. Ydi dy ddillad di'n mynd yn rhy fach i ti? Gofyn di i Dadi a Georgie holi all dy fodryb drefnu i gael gwneud rhai newydd ar gyfer fy ngeneth fawr i. Rydw i'n meddwl amdanat ti a dy frawd drwy'r amser. Rydw i'n iawn. Wyt ti'n eneth dda i Tada? Wnei di anfon llythyr ata i? Gobeithio dy fod ti a George yn dal ymlaen efo'ch gwersi. Rydw i mewn iechyd da. Mae gen i hiraeth ofnadwy amdanat ti, fy Hanichka annwyl i.*
>
> *Cariad mawr a chusanau, Mam. Mai 1941. Ravensbruck.*

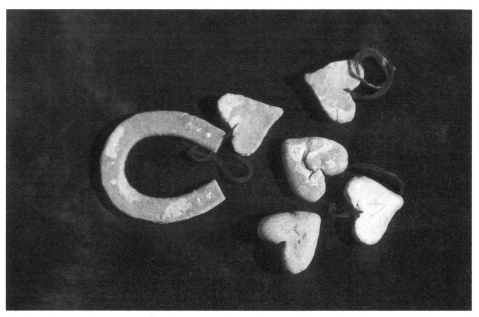

Anrhegion wedi eu gwneud o does a anfonodd mam Hana i'r teulu wedi iddi gael ei chipio o'i chartref.

Caeodd Hana ei llygaid gan ddal yn dynn yn y galon fach frown. Ceisiodd ddychmygu fod ei mam yn sefyll yno wrth ei hochr.

Câi'r Iddewon eu gorfodi i wisgo seren felen, seren Dafydd, pan fyddent yn gadael eu cartrefi.

Yr hydref hwnnw, digwyddodd trychineb arall. Un diwrnod, daeth Tada â thri sgŵar o ddefnydd adref. Roedd seren felen, seren Dafydd, ar bob un, ac yng nghanol y seren, un gair: *Jude* – Iddew.

'Dowch, blant,' meddai Tada gan estyn siswrn o ddrôr y gegin. 'Mae gofyn i ni dorri'r sêr yma allan a'u rhoi ar ein cotiau. Rhaid i ni eu gwisgo nhw bob tro y byddwn ni'n gadael y tŷ.'

'Pam?' holodd Hana. 'Mae pawb yn gwybod mai Iddewon ydan ni.'

'Dyna sydd raid i ni ei wneud,' atebodd Tada. Roedd yn edrych mor benisel, digalon a blinedig fel na fu i Hana a George brotestio rhagor.

O hynny ymlaen, anamal yr âi Hana allan. Byddai'n fodlon gwneud unrhyw beth er mwyn osgoi gwisgo'r bathodyn melyn yng ngŵydd pobl. Roedd hi'n casáu'r seren. Roedd hi mor sarhaus, ac yn codi cywilydd arni. Onid oedd colli eu parc, eu llyn, eu hysgol a'u ffrindiau'n ddigon? Ond rŵan, roedd yn rhaid gwisgo'r seren bob tro y byddai'n gadael y tŷ.

Gwrthododd un Iddew oedd yn byw yn y dref gydnabod y rheol newydd. Cawsai lond bol ar yr holl reolau a'r cyfyngiadau. Un min nos o Fedi yn 1941, gadawodd ei dŷ gan deimlo'n eitha hyf. Yn hytrach na thorri'r seren allan, rhoddodd y sgŵar melyn, yn gyfan fel yr oedd, ar ei gôt. Ni fu swyddog y Natsïaid, oedd yn gofalu am Nove Mesto, fawr o dro cyn sylwi ar y weithred fach wrthryfelgar hon. Roedd yn gynddeiriog. Cyhoeddodd y byddai'n rhaid gwneud Nove Mesto yn *judenfrei*, yn rhydd o Iddewon, ar unwaith.

Yn gynnar fore trannoeth, arhosodd car mawr du yn cael ei yrru gan un o swyddogion y Natsïaid y tu allan i gartref y Bradys. Roedd pedwar o ddynion Iddewig ofnus eisoes yn swatio ynddo. Daeth cnoc ar y drws. Aeth Tada i agor y drws a Hana a George yn dynn ar ei sodlau. Gwaeddodd swyddog y Gestapo ar Tada i ddod allan ar unwaith. Ni allai Hana a George gredu eu clustiau. Safodd y ddau yno mewn arswyd, yn syfrdan ac yn fud. Cofleidiodd Tada'r plant, ac erfyn arnynt i fod yn ddewr. Yna roedd yntau, hefyd, wedi mynd.

Tokyo, Gwanwyn 2000

Cawsai Fumiko ei swyno gan luniau Hana. Gwyddai y byddent yn helpu'r plant i gael gwell syniad o sut un oedd Hana. Byddai'n haws iddynt eu rhoi eu hunain yn ei lle hi. Roedd Fumiko'n iawn.

Rhoddodd y plant oedd wedi cynnig helpu yn y Ganolfan fwy o sylw nag erioed i Hana. Ffurfiodd rhai ohonynt, dan arweiniad

Un arall o'r lluniau a dynnodd Hana yn Theresienstadt.

39

Maiko, grŵp a fyddai'n canolbwyntio ar rannu'r hyn yr oedden nhw wedi'i ddysgu â phlant eraill. Rhoesant yr enw 'Yr Adenydd Bychain' ar eu clwb. Byddent yn cyfarfod unwaith y mis i gynllunio eu cylchlythyr. Roedd gan bob un ohonynt ran yn hynny. Byddai'r plant hŷn yn ysgrifennu erthyglau a'r rhai iau yn cael eu hannog i dynnu lluniau. Byddai eraill yn ysgrifennu cerddi. Gyda help Fumiko, anfonwyd copïau o'r cylchlythyr i ysgolion ymhell ac agos fel y gallai eraill ddod yn gyfarwydd â hanes yr Holocost a'r ymchwil am Hana.

Yr Adenydd Bychain.

Roedden nhw eisiau gwybod, yn fwy na dim, sut un oedd Hana o ran ei golwg; eisiau gweld wyneb yr eneth fach yr oedden nhw'n dyheu am wybod ei stori. Sylweddolodd Fumiko y byddai Hana'n llawer mwy byw i'r plant fel person go iawn petai'n dod o hyd i ddarlun ohoni. Roedd hi'n benderfynol o barhau â'r ymchwil.

Yn awr fod ganddi'r lluniau, yr hosan, yr esgid, y siwmper ac, wrth gwrs, cês Hana, teimlai Fumiko ei bod yn bryd agor yr arddangosfa y bu'n gweithio tuag ati, 'Yr Holocost Drwy Lygaid Plant'.

Nove Mesto, Gaeaf 1941–1942

Yn awr nid oedd ond dau blentyn. Dim un rhiant. Rhoddodd George ei fraich am ei chwaer ddeg oed ac addawodd gymryd gofal ohoni. Ceisiodd Boska, yr howscipar, dynnu eu sylw gyda danteithion arbennig a sgwrsio hwyliog ond ni fu hynny'n llwyddiant. Roedd y plant yn drist ac yn ofnus iawn.

Rai oriau wedi i'w tad gael ei restio, daeth cnoc arall ar y drws. Curai calon Hana fel gordd. Llyncodd George ei boer. Pwy oedden nhw wedi dod i'w nôl y tro yma? Ond pan agorodd y plant y drws, dyna lle'r oedd Ewythr Ludvik, eu hoff Ewythr Ludvik. 'Newydd gael gwybod be ddigwyddodd yr ydw i,' meddai gan gofleidio Hana ag un fraich a George â'r llall. 'Rydach chi'ch dau i ddod efo fi. Efo'r teulu y dylech chi fod, pobl sy'n eich caru chi.'

Cristion oedd Ewythr Ludvik, gŵr chwaer Tada. Oherwydd nad oedd yn

Hana, pan oedd hi'n iau, gyda George a'i dol, Nana, oedd bron gymaint â Hana ei hun.

41

Iddew, nid oedd yn darged amlwg i'r Natsïaid. Ond roedd cynnig cartref i Hana a George yn profi ei fod yn ddyn dewr gan fod y Gestapo wedi rhybuddio y byddai tynged erchyll yn wynebu unrhyw un a fyddai'n helpu'r Iddewon.

Dywedodd Ewythr Ludvik wrth y plant am gasglu eu pethau mwyaf gwerthfawr. Estynnodd Hana am Nana, dol o faint plentyn a fu ganddi er pan oedd hi'n bump oed. Casglodd George holl luniau'r teulu. Cawsant gês bob un, a'u llenwi â dillad. Dewisodd Hana'r cês mawr brown y byddai'n ei ddefnyddio pan âi'r teulu ar wyliau. Roedd hi'n hoffi'r leinin polka dot. Wedi i bopeth gael ei bacio, diffoddwyd y golau a gadawodd y tri, gan gau'r drws ar eu holau.

Y noson honno, cafodd Hana wely mawr iddi ei hun, a lapiodd ei modryb a'i hewythr y cwrlid plu yn dynn amdani. 'Fe edrychwn ni ar eich ôl chi nes daw Mam a Tada'n ôl, Hana,' addawsant. 'Os digwyddi di ddeffro'n y nos, fyddwn ni ddim ond ar draws y landin.'

Ond bu Hana'n effro ymhell wedi i bawb arall fynd i'r gwely. Gorweddodd yno, yn syllu i'r tywyllwch anghyfarwydd. Roedd hwn yn wely dieithr. Ac roedd y byd – a oedd bellach yn llawn peryglon – fel petai wedi troi â'i ben i lawr. Beth fyddai'n digwydd nesaf, tybed? meddyliodd Hana yn ei dychryn. O'r diwedd, caeodd ei llygaid a syrthio i gysgu.

Pan ddihunodd fore trannoeth, clywodd sŵn cyfarth taer y tu allan i'w ffenestr. Curodd ei chalon yn gyflymach. Beth oedd o'i le, tybed? Yna fe adnabu'r sŵn. Sylva, eu ci blaidd ffyddlon, oedd yno. Roedd hi wedi dod

Hana, George a'u ci blaidd, Sylva.

Hana a'i Hewythr Ludvik dewr a charedig.

o hyd i'w ffordd ar draws y dref er mwyn bod gyda Hana a George. O leiaf, roedd rhai ffrindiau'n dal yn driw, meddyliodd Hana. Roedd hynny o ryw gysur.

Tŷ bychan ond cyfforddus oedd un Modryb Hedda ac Ewythr Ludvik, gyda gardd fach brydferth yn y cefn. Roedd yn agos iawn i'r ysgol leol a gwyliai George a Hana'r plant yn mynd heibio bob dydd ar eu ffordd i'w gwersi gan chwerthin a chadw reiat. Byddai ei siom a'i rhwystredigaeth yn peri i Hana daro'r llawr â'i throed a gweiddi, 'Rydw inna eisiau mynd hefyd!' Ond nid oedd dim y gallai neb ei wneud.

Yn ystod y misoedd canlynol, gwnaeth Ewythr Ludvik a Modryb Hedda eu gorau i gadw'r plant yn brysur. Byddai George yn torri coed am oriau a Hana'n darllen ac yn chwarae gêmau. Roedd ei dwy gyfnither, Vera a Jiri, yn hoff ohoni. Byddai hyd yn oed yn mynd i'r eglwys efo nhw o dro i dro.

Bob amser cinio, âi Hana a George yn ôl i'w hen gartref i gael pryd o fwyd wedi'i baratoi gan Boshka. Byddai hi'n rhoi maldod iddynt, yn eu cofleidio a'u cusanu, ac yn

Hana a George yn helpu yn y cae gwair.

43

eu hatgoffa ei bod wedi addo i'w rhieni y gwnâi hi'n siŵr eu bod yn cadw'n iach drwy ofalu eu bod yn bwyta'n iawn.

Bob hyn a hyn, cyrhaeddai llythyr oddi wrth Tada, o garchar y Gestapo yn Iglau. Ni fyddai George ond yn darllen y rhannau ysgafn i'w chwaer. Credai fod Hana'n rhy ifanc i gael gwybod yr holl wir am amodau caled y carchar a'r anobaith a deimlai Tada wrth iddo ddyheu am gael bod yn rhydd. Ond nid oedd hi'n rhy ifanc, er hynny, i gael ei chludo ymaith gan y Natsïaid.

Pan oedd yn Therienstadt, tynnodd Hana'r llun hwn o bobl yn gweithio yn y caeau.

Nove Mesto,
Mai 1942

Un diwrnod, cafodd nodyn ei ddanfon i gartref Modryb Hedda ac Ewythr Ludvik yn gorchymyn fod Hana a George Brady i ymddangos mewn canolfan allgludiad yn Trebic, hanner can cilomedr o Nove Mesto, ar Fai 14, 1942. Dyma'r hyn yr oedd Ewythr Ludvik wedi bod yn arswydo rhagddo. Galwodd Hana a George i'w stydi a darllenodd y llythyr iddynt. Yna ceisiodd roi'r wedd orau bosibl ar y newydd drwg. 'Rydach chi'n mynd ar drip,' meddai. 'Efo'ch gilydd! Fe fydd yno lawer o Iddewon eraill a llawer o blant i chwarae efo nhw. Efallai na fydd raid i chi wisgo'r seren yno!' Nid oedd gan George a Hana fawr i'w ddweud. Roedd meddwl am orfod symud o'u cynefin unwaith eto a gadael eu modryb a'u hewythr yn gwneud iddynt deimlo'n ddigalon iawn.

Roedd Hana wedi dychryn. Pan ddaeth Boshka i helpu'r ddau i baratoi ar gyfer y daith ryfedd hon, bu Hana'n saethu cwestiynau ati. 'Ble mae Mam a Tada? Pryd welwn ni nhw eto? Be sy'n mynd i ddigwydd i ni? Be allwn ni fynd efo ni?' Nid oedd gan Boshka ateb i'r un o'r cwestiynau. Dywedodd wrth Hana ei bod hithau, hefyd, yn gadael Nove Mesto i fynd i aros gyda'i brawd oedd yn byw ar fferm.

Estynnodd Hana'r cês mawr brown gyda'r leinin papur polka dot oedd wedi'i gadw o dan y gwely. Rhoddodd sach gysgu ynddo gan obeithio y byddai'n gallu arogli ei chartref arno, waeth pa mor bell i ffwrdd fydden nhw. Dyna wnaeth George hefyd. Roedd yna salami a melysion i'w lapio yn y dillad, yn ogystal â rhai manion personol.

Roedd gorfod anfon ei nai a'i nith i ffwrdd yn ddigon i dorri calon

JÜDISCHE KULTUSGEMEINDE IN PRAG
ŽIDOVSKÁ NÁBOŽENSKÁ OBEC V PRAZE

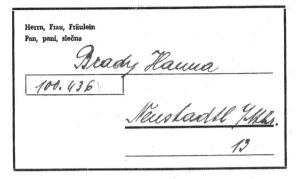

Herrn, Frau, Fräulein
Pan, paní, slečna

Brady Hanna

100.436

Neustadtl Ihla.

13

Diese Vorladung ist mit Genehmigung der Zentralstelle für jüdische Auswanderung Prag (Dienststelle des Befehlshabers der Sicherheitspolizei beim Reichsprotektor in Böhmen und Mähren) als Reisegenehmigung anzusehen.

Uber Weisung der Zentralstelle für jüdische Auswanderung Prag haben Sie sich

Tato obsílka platí za cestovní povolení na základě schválení Zentralstelle für jüdische Auswanderung Prag (Dienststelle des Befehlshabers der Sicherheitspolizei beim Reichsprotektor in Böhmen und Mähren).

Z nařízení Zentralstelle für jüdische Auswanderung Prag dostavie se

am - dne **30. IV. 1942**

um - v *10* Uhr - hod.

in - do *Třebíček*

einzufinden.

Jede vorgeladene Person hat mitzubringen
1. Geburtschein,
2. Bürger'egitimation (Kennkarte oder einen anderen Beleg über die Staatsbürgerschaft),
3. diese Vorladung.

Neben diesen Personaldokumenten hat jede Person sämtliche Lebensmittelkarten mitzubringen.

Každá předvolaná osoba přinese s sebou
1. rodný list,
2. občanskou legitimaci (průkaz totožnosti nebo jiný úřední doklad o státní příslušnosti),
3. toto předvolání.

Kromě těchto osobních dokladů, přinese každá osoba všechny potravinové lístky s sebou.

Um die vorgeschriebene Vorladungsstunde einhalten zu können, werden Sie den

29. 4. 42 um - v *18'03* Uhr - hod.

von - z *Neustadtl n'ber Saar*

abgehenden Zug benützen.

Zur Rückreise müssen Sie, den

um - v *16'38* Uhr - hod.

vom Vorladungsort abgehenden Zug benützen.

Abyste dodržel(a) hodinu, na kterou jste byl(a) předvolán(a), použijete vlaku, který odjíždí

K návratu musíte nastoupiti do vlaku, který opouští

místo předvolání.

Kinder bis zu 4 Jahren müssen nicht persönlich erscheinen, doch müssen ihre Eltern oder verantworl. Aufseher, sowohl die Personaldokumente, als auch diese Vorladung und die Lebensmittelkarte vorlegen. Kranke und alte Personen, die nicht persönlich erscheinen können, müssen neben allen Dokumenten ein amtsärztliches Zeugnis vorlegen lassen. Dieses Zeugnis muß eine genaue Diagnose der Krankheit enthalten.

Děti do 4 let se nemusí osobně dostaviti, avšak jejich rodiče nebo jejich zodpov. dozorce musí předložiti jak jejich osobní doklady, tak i toto předvolání a všechny potravinové lístky. Nemocné a staré osoby, které se nemohou osobně dostaviti, dají za sebe předložiti všechny doklady a mimo to vysvědčení úředního lékaře. Toto vysvědčení musí obsahovati přesnou diagnosu nemoci.

JÜDISCHE KULTUSGEMEINDE IN PRAG
ŽIDOVSKÁ NÁBOŽENSKÁ OBEC V PRAZE

Mae'r ddogfen hon yn gorchymyn fod Hana i gael ei hallgludo o dŷ ei hewythr ar Ebrill 30, 1942, er mai ar Fai 14 y cafodd ei hanfon i Theresienstadt.

Ewythr Ludvik. Trefnodd fod gyrrwr yn mynd â hwy i'r ganolfan allgludo gan na allai ef wynebu hynny. Gwnaeth Modryb Hedda ac yntau eu gorau i guddio'u dagrau wrth iddynt ffarwelio â Hana a George. Addawsant y byddent yno i'w derbyn yn ôl i Nove Mesto pan fyddai'r rhyfel drosodd. Wrth i'r gyrrwr ganu'r clychau ac annog y ceffylau ymlaen, ni ddywedodd neb air.

Ychydig oriau'n ddiweddarach, gollyngodd y gyrrwr Hana a George y tu allan i warws anferth. Ymunodd y ddau â'r rhai oedd yn aros wrth y fynedfa. Wedi iddynt gyrraedd y ddesg gofrestru, rhoesant eu henwau i filwr cuchiog. Hysiodd yntau hwy i mewn i'r adeilad tywyll, mwll.

Roedd llawr yr adeilad wedi'i orchuddio â matiau. Daeth Hana a George o hyd i ddau fat mewn cornel, ac eistedd arnynt. Sylweddolodd y ddau, wrth edrych o'u cwmpas, mai prin iawn oedd y plant. Ond roedd yno gannoedd o Iddewon, yn ddynion a merched, yn aros i gael eu symud i le o'r enw Theresienstadt. Roedden nhw i gyd i gael eu hallgludo.

Bu Hana a George yn y warws am bedwar diwrnod a phedair noson, yn rhannu'r bwyd a baciwyd yn y ddau gês ac yn cysgu ar y matiau. Er i ambell un o'r rhai hŷn geisio bod yn garedig wrthynt, nid oedd Hana a George yn teimlo awydd cwmni. Roedd ganddyn nhw ei gilydd a bu'r ddau yn treulio'r amser yn darllen, yn sgwrsio, yn pendwmpian ac yn meddwl am eu cartref. Yn y warws hwnnw ar Fai 16, 1942, heb ddim ond llond dwrn o felysion a phwt o gannwyll, y dathlodd Hana Brady ei phen blwydd yn un ar ddeg oed.

Tokyo, Mehefin 2000

Nid oedd Fumiko wedi breuddwydio y byddai'n bosibl i'r arddangosfa 'Yr Holocost Drwy Lygaid Plant' ddenu cynifer o ymwelwyr, yn blant a rhai hŷn. Roedd hanes yr Holocost yn newydd i lawer o'r bobl oedd yn ymweld â'r Amgueddfa. Fel yr oedd Fumiko wedi gobeithio, roedd y pethau a gasglodd a'r stori oedd ganddynt i'w hadrodd yn dod â'r drasiedi yn fyw iddynt.

Er bod ganddynt ddiddordeb yn yr esgid, y can o nwy gwenwynig Zyklon B, a'r siwmper fach, y cês oedd y magned. Byddai plant a'u rhieni yn tyrru o'i gwmpas yn gyson ac yn astudio'r ysgrifen: Hana Brady, Mai 16, 1931, *Waisenkind* – plentyn amddifad. Byddent yn darllen y cerddi a ysgrifennwyd gan aelodau'r Adenydd Bychain ac yn edmygu'r lluniau a dynnodd Hana yn Theresienstadt. 'Wyddoch chi rywfaint rhagor amdani?' holent. 'Beth ddigwyddodd iddi? Sut un oedd hi o ran golwg?' Penderfynodd Fumiko ddyblu ei hymdrechion i ddod o hyd i ddarlun o Hana. Roedd rhywun, yn rhywle, yn siŵr o allu ei helpu. Ysgrifennodd eto at Amgueddfa Ghetto Terezin. 'Na,' oedd yr ateb. 'Rydan ni eisoes wedi dweud wrthoch chi na wyddon ni ddim byd am eneth o'r enw Hana Brady.'

Ni allai Fumiko dderbyn hyn. Penderfynodd fynd i Terezin er mwyn gweld drosti'i hun.

Y Ganolfan Allgludo, Mai 1942

Ar fore'r pedwerydd diwrnod clywyd chwiban uchel, a brasgamodd un o filwyr y Natsïaid i mewn i'r warws. Swatiodd Hana a George yn eu cornel wrth iddo gyfarth ei orchmynion.

'Mae pawb i ddod at y rheilffordd cyn pen yr awr. Mae gan bawb hawl i un cês. Dau ddeg pump kilo. Dim gram yn fwy. Ffurfiwch linellau syth. Dim siarad. Gwnewch fel yr ydan ni'n dweud.'

Roedd y llais mor gras, yn ddigon i godi gwallt pen rhywun. Casglodd Hana a George eu pethau'n frysiog. Ceisiodd y rhai hŷn eu helpu er mwyn gwneud yn siŵr eu bod yn barod. Druan o'r ddau fach, meddylient, yn gorfod wynebu siwrnai mor arw ar eu pennau eu hunain, heb rieni i'w gwarchod.

A'r milwyr yn eu llygadu'n fygythiol, gadawodd pawb y warws, un ar ôl y llall, ac ymffurfio'n rhes wrth y rheilffordd. Camodd Hana a George o haul tanbaid y bore i'r trên tywyll, gan gario'u cesys. Gwthiodd eraill i mewn ar eu holau, nes bod y cerbyd yn llawn. Yna caewyd y drysau'n glep a dechreuodd y trên symud.

Terezin, Gorffennaf 2000

Theresienstadt. Yr enw a roesai'r Natsïaid ar dref Terezin yn Tsiecoslofacia. Gwyddai Fumiko y byddai'n rhaid iddi fynd yno er mwyn ceisio datrys dirgelwch cês Hana. Ond sut? Roedd Gweriniaeth Tsiecoslofacia filoedd o filltiroedd o Siapan, a byddai tocyn awyren yn costio peth wmbredd o arian; arian na allai Fumiko ei fforddio.

Ond roedd ffawd o'i phlaid y tro hwn. Cafodd ei gwahodd i fynychu cynhadledd ar yr Holocost yn Lloegr. Oddi yno, taith fer fyddai'r un ar yr awyren i Prâg, prifddinas Gweriniaeth Tsiecoslofacia, a gellid gwneud y siwrnai o Prâg i Terezin mewn dwyawr. Roedd Fumiko'n ysu am gael gadael.

Ar fore Gorffennaf 11, 2000, camodd Fumiko o'r bws a'i chael ei hun ar brif sgwâr Terezin. Roedd hi'n ymddangos yn dref ddigon deniadol ar yr olwg gyntaf. Roedd yno strydoedd llydain a choed o boptu iddynt a thai trillawr taclus gyda bocsys ffenestri'n llawn blodau. Ond prin y bu i Fumiko sylwi arnynt. Un diwrnod yn unig oedd ganddi i gyflawni ei neges. Byddai'n rhaid iddi ddychwelyd i Prâg y noson honno gan fod yr awyren yn gadael am Siapan fore trannoeth.

Nid oedd wedi ffonio'r Amgueddfa ymlaen llaw. Nid oedd ganddi unrhyw drefniant. Ond yn union gyferbyn â hi, gwelodd adeilad hir deulawr o liw melyn golau. Dyma Amgueddfa Ghetto Terezin.

Agorodd Fumiko'r drws ffrynt trwm ac aeth i mewn i'r cyntedd claear. Roedd yn iasol o dawel. Lle'r oedd pawb? Edrychodd i mewn i rai o'r swyddfeydd oedd ar bwys y brif fynedfa. Roedden nhw'n wag. Yn ôl pob golwg, nid oedd neb yn yr adeilad.

Terezin fel y mae heddiw. Yno yr aeth Fumiko i geisio datrys dirgelwch cês Hana.

Be sydd wedi digwydd? meddyliodd Fumiko. Ydyn nhw i gyd ar eu cinio tybed? Na, nid oedd hi ond deg o'r gloch y bore. Dychwelodd Fumiko i'r sgwâr. Aeth i fyny at ddyn cyfeillgar yr olwg oedd yn eistedd ar fainc. 'Esgusodwch fi,' meddai. 'Rydw i'n chwilio am rywun all fy helpu i yn yr Amgueddfa.'

'O, ddowch chi ddim o hyd i neb yno heddiw, 'ngeneth i,' atebodd yntau. 'Mae'n ddiwrnod gŵyl ac mae pawb sy'n gweithio yno i ffwrdd yn dathlu. Rydach chi'n anlwcus, mae arna i ofn.'

Theresienstadt, Mai 1942

Bu'r daith ar y trên yn un dawel a digynnwrf. Roedd pobl fel pe baen nhw'n cadw iddynt eu hunain, ar goll yn eu meddyliau a'u hofnau ynglŷn â'r dyfodol. Ymhen ychydig oriau, stopiodd y trên yn ddirybudd. Agorwyd y drysau led y pen a gallai'r teithwyr ofnus a safai agosaf atynt weld yr arwydd 'Gorsaf Bohusovic'. Crychodd Hana ei llygaid yng ngolau'r haul wrth i George a hithau lusgo eu cesys oddi ar y trên. Yno, ar yr orsaf, cawsant eu gorchymyn i gerdded weddill y ffordd i gaer Theresienstadt.

Er nad oedd ond ychydig gilomedrau i'r gaer, roedd y cesys yn drwm ac yn lletchwith. Tybed ddylen ni adael rhai o'n pethau yma er mwyn ysgafnhau'r baich? meddyliodd Hana a George. Na, roedd holl gynnwys eu cesys yn werthfawr, yr unig gyswllt oedd ganddynt â bywyd fel y bu. Cariodd George un cês. Rhoesant y llall ar gert oedd yn mynd heibio, yn cael ei wthio gan rai o'r carcharorion.

Daeth Hana a George at y fynedfa i'r dref gaerog ac ymuno â'r rhes. Roedd pawb, fel hwythau, yn gwisgo seren felen.

Ar flaen y rhes, roedd milwr yn cofnodi enw, oed a man geni pawb. Câi'r bechgyn a'r dynion eu hanfon i un cyfeiriad a'r genethod a'r gwragedd i'r cyfeiriad arall. 'Lle maen nhw'n mynd?' gofynnodd Hana i George. Roedd arni ofn cael ei gwahanu oddi wrth ei brawd yn fwy na dim. 'Ga i aros efo chdi?' erfyniodd.

'Taw, Hana!' atebodd yntau. 'Paid â chreu helynt.'

Pan gyrhaeddodd y ddau flaen y rhes, syllodd y milwr arnynt. 'Ble mae'ch rhieni chi?' holodd yn fygythiol.

Pan oedd yn Theresienstadt tynnodd Hana'r llun hwn o bobl yn dod oddi ar drên.

'Maen nhw, ym, mewn gwersyll, ym, arall,' cagiodd George. 'Rydan ni'n gobeithio ymuno â nhw yma.'

Nid oedd gan y milwr unrhyw ddiddordeb mewn sgwrsio. Ysgrifennodd eu henwau ar gardiau a chwiliodd yn eu cesys am arian a thlysau. Yna caeodd y cesys yn glep. 'I'r chwith!' arthiodd ar George. 'I'r dde!' arthiodd ar Hana.

'Ga i aros efo 'mrawd, os gwelwch chi'n dda?' holodd Hana.

'Symudwch! Y munud 'ma!' gorchmynnodd y milwr. Roedd yr hyn oedd Hana wedi ei ofni'n fwy na dim ar fin digwydd. Rhoddodd George ei fraich amdani. 'Paid â phoeni,' meddai. 'Mi ddo i o hyd i ti cyn gynted ag y galla i.' Gan frwydro i gadw'r dagrau'n ôl, gafaelodd Hana yn ei chês a dilynodd y genethod eraill i *Kinderheim* (cartref plant) L410, y barics mawr i ferched a fyddai'n gartref iddi am y ddwy flynedd nesaf.

Terezin,
Gorffennaf 2000

Ni allai Fumiko gredu'r peth. Roedd hi wedi cynhyrfu'n arw, ac yn ddig wrthi ei hun. Rydw i wedi teithio'r holl ffordd yma ac mae pawb allai fy helpu i ar wyliau. Sut y llwyddais i i ddewis amser mor anffodus i ddod i Amgueddfa Terezin? Sut y gallwn i fod mor dwp? meddyliodd. Be wna i rŵan?

A'r haul yn taro'n danbaid arni, rhedodd deigryn o siom i lawr boch Fumiko. Penderfynodd ddychwelyd i'r Amgueddfa i geisio rhoi trefn ar ei meddyliau. Efallai y gallai feddwl am gynllun gwahanol.

Pan oedd hi'n eistedd ar fainc yn y cyntedd, clywodd sŵn siffrwd. Roedd fel petai'n dod o un o'r swyddfeydd ym mhen draw'r coridor. Cerddodd Fumiko ar flaenau ei thraed i gyfeiriad y sŵn. Yno, yn y swydda bellaf ar y dde, daeth o hyd i ferch a sbectol ar flaen ei thrwyn, wrthi'n gosod trefn ar bentwr anferth o bapurau.

Bu ond y dim i'r ferch neidio o'i chadair yn ei braw pan welodd Fumiko. 'Pwy ydach chi?' holodd. 'Be ydach chi'n ei wneud yma? Mae'r Amgueddfa ar gau.'

'Fumiko Ishioka ydi f'enw i,' atebodd hithau. 'Rydw i wedi dod yr holl ffordd o Siapan i geisio darganfod hanes geneth fach oedd yma yn Theresienstadt. Mae ei chês hi ganddon ni yn ein hamgueddfa yn Tokyo.'

'Dowch yn ôl ryw ddiwrnod arall,' meddai'r ferch yn gwrtais, 'ac fe fydd rhywun ar gael i geisio'ch helpu chi.'

'Ond does gen i ddim diwrnod arall,' llefodd Fumiko. 'Mae'r

awyren yn gadael am Siapan bore fory. Wnewch chi fy helpu i ddod o hyd i Hana Brady?' erfyniodd.

Tynnodd y ferch ei sbectol. Syllodd ar y ferch ifanc o Siapan a sylwodd pa mor bryderus a pha mor benderfynol roedd hi. Gollyngodd ochenaid fach. 'O'r gorau,' meddai. 'Alla i addo dim, ond mi geisia i'ch helpu chi. Ludmila ydi f'enw i.'

Theresienstadt, 1942–43

Adeilad mawr plaen oedd *Kinderheim* L410 gyda tua deg ystafell wely ynddo. Cysgai ugain o enethod ym mhob ystafell mewn bynciau tair lefel, ar fatresi gwellt. Cyn y rhyfel, bu'r dref yn gartref i 5,000 o bobl. Gwasgodd y Natsïaid ddengwaith y nifer hwnnw o garcharorion i'r un faint o le.

Nid oedd yno byth ddigon o le, byth ddigon o fwyd, na byth cyfle i gael munud i chi eich hun. Roedd yno ormod o bobl, gormod o lau a llygod mawr, a gormod o Natsïaid oedd yn rheoli'r gwersyll â dwrn dur.

Ar y dechrau, ni chaniateid i Hana, fel un o'r plant ieuengaf, adael yr adeilad. Golygai hynny na châi weld George. Roedd ef yn byw yn *Kinderheim* L417, cartref i fechgyn yn unig, ychydig flociau i ffwrdd. Roedd Hana yn gweld ei golli'n ddychrynllyd a byddai wastad yn gofyn i'r genethod hŷn, oedd yn cael gadael yr adeilad, holi yn ei gylch. Roedden nhw'n teimlo piti dros Hana, ar ei phen ei hun yn y byd, heb ei mam a'i thad ac wedi ei gwahanu oddi wrth ei brawd, ac yn cymryd gofal arbennig ohoni.

Daeth Hana yn ffrindiau â geneth hŷn oedd yn cysgu yn y bync nesaf. Un fer, dywyll, fywiog iawn oedd Ella. Roedd ganddi chwerthiniad parod a byddai'n fodlon treulio amser yng nghwmni geneth iau oedd â meddwl uchel ohoni ac un y gallai ei chysuro ar adegau anodd.

Roedd y dyn a rannai'r tocynnau bwyd wedi cymryd at Hana ac yn poeni ynglŷn â'i hiechyd. Gwyddai ei bod ar ei chythlwng drwy'r amser. Cynigiodd, yn garedig iawn, roi rhagor o docynnau iddi ar y slei, fel y câi lwyaid arall o gawl dyfrllyd, neu dalp arall o fara du. Roedd meddwl am gael rhagor o fwyd yn tynnu dŵr o ddannedd Hana ac yn peri i'w stumog rymblan. Ond gwrthod y cynnig wnaeth hi'n gwrtais bob tro. Roedd Ella a'r genethod hŷn wedi ei rhybuddio y byddai mewn helynt mawr petai'r milwyr yn ei dal yn torri un o'r rheolau.

Wedi eu rhwygo oddi wrth eu teuluoedd a'u caethiwo mewn lle cyfyng heb ond prin ddigon i'w fwyta, ceisiodd y genethod wneud y gorau o'r gwaethaf. Gweithiai'r rhai oedd dros bymtheg oed yn yr ardd, lle'r oedd ffrwythau, llysiau a blodau yn cael eu tyfu ar gyfer milwyr y Natsïaid. Ambell dro, byddai Mr Schwartzbart, oedd yn gofalu am yr ardd, yn gadael i Hana ddod allan gyda'r grŵp gwaith i fwynhau'r haul a'r awyr iach. Roedd Hana wrth ei bodd o gael y cyfle i weithio yn yr ardd gyda'r genethod hŷn. Ac roedd bonws ychwanegol i'w gael. Ni fyddai ffeuen yma, mefusen acw, fawr o dro yn ffeindio'u ffordd i geg geneth lwglyd.

Ond gan amlaf, byddai'n rhaid i Hana aros gyda rhai o'r un oed neu iau ac ufuddhau i'r ofalwraig oedd yn cadw trefn ar eu hystafell. Byddent yn tynnu llwch, yn glanhau ac yn ysgubo o dan y bynciau bob dydd. Câi llestri, yn ogystal â wynebau, eu golchi o dan y pwmp. Ac roedd dosbarthiadau dirgel yn cael eu cynnal yn atig *Kinderheim* L410 bob dydd hefyd.

Dysgodd y genethod ganeuon newydd yn y dosbarthiadau cerddoriaeth. Byddent yn canu'n dawel rhag ofn i'r gwylwyr eu clywed. Ar derfyn pob dosbarth, câi un eneth ei dewis i ganu ei hoff gân. Pan ddeuai ei thro hi, yr un fyddai dewis Hana bob tro – *Stonozka*, cân y neidr gantroed.

'Dyw bywyd hon ddim yn un hapus
wrth gerdded ar ei chantroed clwyfus.
Meddylia sut y mae hi'n teimlo.
Mae ganddi reswm da dros gwyno.
Pan fyddaf eisiau canu'r felan
Rwy'n cofio am y neidr druan.
Wrth feddwl gwisgo sgidiau hon
Mae 'mywyd i'n tu hwnt o llon.

57

Roedd yno ddosbarthiadau gwnïo hefyd. Nid oedd Hana erioed wedi gwnïo pwyth yn ei bywyd a châi drafferth i ddefnyddio'r nodwydd. Yn aml iawn, byddai'n piffian chwerthin ar ôl gwneud rhyw gamgymeriad gwirion a'r athrawes yn gorfod rhoi taw arni. Ar waethaf hynny, llwyddodd Hana i orffen un flows las ac roedd hi'n falch iawn ohoni.

Ond ei hoff ddosbarth oedd y dosbarth arlunio. Nid oedd yn hawdd cael gafael ar ddefnyddiau ar gyfer tynnu lluniau a phaentio. Roedd rhai pobl wedi eu smyglo i'r ghetto mewn cesys. Mentrodd ambell un ddwyn papur o stordai'r Natsïaid. Defnyddid papur lapio plaen pan nad oedd dim arall ar gael. Ryw fodd neu'i gilydd, nid oedd prinder creonau a phensiliau lliw yn ystod y dyddiau cynnar.

Cyn iddi gael ei charcharu yn Theresienstadt, roedd yr athrawes, Friedl Dicker-Brandeis, yn arlunydd enwog. Dysgodd werth pethau

Llun a dynnodd Hana o bobl yn cael picnic dan ambarél, ar lan afon.

fel persbectif a saernïaeth i'w disgyblion. Ac weithiau byddai'r genethod yn tynnu lluniau o olygfeydd mwy difrifol: muriau'r ghetto, pobl yn ciwio am fwyd, carcharorion yn cael eu curo gan filwyr y Natsïaid.

Ond, yn fwy na dim, roedd Friedl am i'w dosbarthiadau helpu'r plant i anghofio'r amgylchedd greulon, am sbel o leiaf. 'Meddyliwch am yr awyr agored,' meddai wrth Hana a'r lleill. 'Meddyliwch am ryddid. Rhowch ffrwyn i'ch dychymyg. Dwedwch wrtha i be sy'n eich calonnau chi. Rhowch y cyfan ar bapur.'

Weithiau fel trêt, byddai'n mynd â nhw i fyny i do'r adeilad, er mwyn bod yn nes at yr awyr. Oddi yno, gallent edrych y tu hwnt i furiau'r gaer a gweld y mynyddoedd yn y pellter. Gallent freuddwydio am adar ac ieir bach yr haf, llynnoedd a siglenni. A gallent ddod â'r pethau hynny'n fyw drwy gyfrwng eu creonau a'u pensiliau.

Pan fyddai'r dosbarthiadau drosodd a phob gwaith wedi ei wneud, byddent yn chwarae *Smelina*, gêm fwrdd a ddyfeisiwyd yno yn y ghetto. Roedd wedi ei seilio ar y gêm *Monopoly* a lluniwyd hi ar gyfer y plant gan beiriannydd o'r enw Oswald Pock a gawsai ei allgludo i Terezin. Byddai'r chwaraewyr yn glanio ar eiddo fel *Entwesung*, yr adran lle'r oedd dillad yn cael eu diheintio er mwyn cael gwared â llau, a barics y milwyr. Yn hytrach nag adeiladu gwesty, byddent yn adeiladu *kumbal*, cuddfan yn yr atig uwchben y barics, ac yn defnyddio *kronen*, arian papur y ghetto.

Ond er gwaethaf yr ymdrechion hyn i fynd â'i sylw, teimlai Hana yr un mor llwglyd a'r un mor unig. Roedd hi'n gweld eisiau George yn sobor. Yna, un diwrnod, cyhoeddwyd fod rheolau'r ghetto i gael eu newid. Rhoddwyd caniatâd i'r genethod fynd allan am ddwyawr unwaith yr wythnos.

Rhuthrodd Hana ar unwaith ar draws y sgwâr i Dŷ'r Bechgyn. 'George, George Brady!' gwaeddodd. 'Lle mae 'mrawd i? Ydach chi wedi gweld fy mrawd i?' Rhedodd o un ystafell i'r llall gan holi pob bachgen a welai. Yn ei hawydd i ddod o hyd i'w brawd, agorodd ddrws un o'r toiledau hyd yn oed. A dyna lle'r oedd George, yn brysur wrth ei waith fel plymar. Y fath aduniad hapus oedd hwnnw! Taflodd George ei offer o'r neilltu a rhuthrodd Hana i'w freichiau. Bu'r ddau'n chwerthin. Bu'r ddau'n crio. Roedd y cwestiynau'n llifo. 'Wyt ti'n iawn? Wyt ti wedi clywed rhywbeth am Mam a Tada? Wyt ti'n cael digon i'w fwyta?' O hynny ymlaen, daliodd y ddau ar bob cyfle i fod gyda'i gilydd.

Roedd George yn cymryd ei gyfrifoldeb fel brawd mawr o ddifrif. Teimlai mai ei swydd ef oedd gwarchod Hana a gwneud yn siŵr na fyddai'n mynd i helynt. Roedd am ei chadw mor hapus ac mor iach ag oedd modd nes y caent fod gyda'u rhieni unwaith eto.

Ac roedd Hana yr un mor ffyddlon i George. Yn Terezin, lle nad oedd byth ddigon i'w fwyta, câi pawb *buchta* bach, teisen does neu ddonyt blaen, unwaith yr wythnos. Ni fyddai Hana byth yn bwyta ei hun hi. Deuai â hi i George er mwyn iddo fod yn gryf a gobeithiol.

Sylwodd Hana fod mwy a mwy o bobl yn cyrraedd Theresienstadt bob dydd. Deuai dynion, merched a phlant o bob cwr o Tsiecoslofacia ar y dechrau, ac yna o wledydd Ewropeaidd eraill. Bob tro y byddai mintai newydd yn gadael y trenau, byddai Hana'n chwilio am wynebau cyfarwydd. Ac weithiau, pan oedd hi'n teimlo'n hyderus, byddai'n mynd at rai o'r dieithriaid ac yn holi, 'Ydach chi'n nabod Mam a 'Nhad? Ydach chi wedi bod mewn lle o'r enw Ravensbruck? Mae fy mam i yno! Oes ganddoch chi ryw newyddion am Karel a Marketa Brady?' Yr un oedd yr ateb bob tro, er ei fod yn cael ei fynegi'n garedig ac yn dosturiol. 'Na, wyddon ni ddim byd am eich mam a'ch tad, cariad. Ond os clywn ni rywbeth – unrhyw beth – fe fyddwn ni'n siŵr o adael i chi wybod.'

Yna, un diwrnod, gwelodd Hana wyneb cyfarwydd – hen ffrind i'w rhieni nad oedd ganddi blant ei hun. Teimlai Hana'n gynhyrfus iawn ar y dechrau. Roedd unrhyw beth a fyddai'n ei hatgoffa o'i chartref ac yn dod â hi gam yn nes at ei mam a'i thad, yn gysur. Ond cyn pen dim, roedd y wraig hon fel petai'n ei dilyn i bobman ac yn aros amdani ym mhob twll a chornel. Ble bynnag yr âi Hana, roedd hi yno. Byddai'n pinsio'i boch ac yn ei chusanu. Ond aeth yn rhy bell un diwrnod.

'Tyd yma, 'mechan i,' meddai gan ddal ei llaw allan. 'Wyt ti'n cofio'r amseroedd da gawson ni? Paid â bod yn swil. Does dim rhaid i ti deimlo'n unig. Fe gei di ddod i 'ngweld i bob dydd. Fe gei di 'ngalw i'n "mam".'

'Mae gen i fam,' atebodd Hana gan boeri'r geiriau allan. 'Ewch odd'ma! Gadewch lonydd i mi.' Gwrthododd weld y wraig wedyn. Roedd hi'n hiraethu am ei mam ei hun. Ni allai neb gymryd ei lle.

Terezin,
Gorffennaf 2000

O'r tu ôl i'w desg yn Amgueddfa Ghetto Terezin, syllodd Ludmila ar y ferch ifanc o Siapan a eisteddai ar flaen y gadair gyferbyn â hi a'r penderfyniad cadarn i'w weld yn amlwg ar ei hwyneb. Roedd hi wedi cymryd at Fumiko ac yn awyddus i'w helpu i ddarganfod rhagor o hanes yr eneth yma, Hana Brady.

Estynnodd lyfr trwchus oddi ar un o'r silffoedd. Ynddo roedd enwau bron i 90,000 o ddynion, merched a phlant a gafodd eu carcharu yn Theresienstadt a'u trawsgludo i'r dwyrain. Troesant i'r tudalennau a gynhwysai'r llythyren B: Brachova, Hermina. Brachova, Zusana. Brada, Tomas. Bradacova, Marta. Bradleova, Zdenka.

'Dyma hi!' llefodd Ludmila. A dyna lle'r oedd hi: Hana Brady, Mai 16, 1931. 'Sut galla i ddod o hyd i ragor o'i hanes hi?' holodd Fumiko.

'Mi fyddai'n dda gen i pe bawn i'n gwybod hynny,' atebodd Ludmila.

'Ond edrychwch,' meddai Fumiko, gan bwyntio at enw Brady arall, yn union uwchben enw Hana. 'Tybed all hwn fod yn un o'r teulu?' Syllodd Ludmila ar y dyddiadau geni. Nid oedd ond tair blynedd o wahaniaeth. 'Mae'n bosib iawn mai brawd oedd o,' meddai. 'Fe fyddai'r Natsïaid yn rhestru aelodau teulu gyda'i gilydd.'

Sylwodd Fumiko ar rywbeth arall. Roedd yna dic wrth ymyl enw Hana. Fel mae'n digwydd, roedd tic ar gyfer pob enw ar y dudalen – ar wahân i un. Nid oedd dim ar gyfer enw'r Brady arall, George Brady. Beth oedd hynny'n ei olygu?

581	Wolfenstein Helene	*37581* AZ-315	Haushalt	15. 6. 1890	Gr..eseritsch Oberstadt 350	100716
582	Wolfenstein Walter	*37582* AZ-316	Arbeiter	19.10. 1913	Gr..eseritsch Oberstadt 350	100719
583	Wolfenstein Sidonie	*37583* AZ-317	Schneiderin	10. 4. 1911	Gr..eseritsch Oberstadt 350	100718
584	Schück Ing. Friedrich	*37584* AZ-318	Masch.Ing.	23. 6. 1891	Unter Dobrau 81 *Dolní Bobrové*	100646
585	Drechsler Simon	*37585* AZ-319	Kaufmann	3. 8. 1883	Gr..eseritsch Dalimilg.56	100483
586	Schnabel Rudolfine	*37586* AZ-320	Haushalt	20. 3. 1877	Unter Dobrau 81	100619
587	Schück MUDr. Ottokar	*37587* AZ-321	Arzt	4.11. 1894	Unter Dobrau 81	100619
58?	Schück Edith	*37588* AZ-322	Haushalt	17. 5. 1907	Unter Dobrau 81	100641
589	Schück Ingmar	*37589* AZ-323	Schülerin	30.3. 1935	Unter Dobrau 81	100613
590	Schück Zdenko	*37590* AZ-324	Schüler	31. 7. 1938	Unter Dobrau 81	100650
591	Fein Anna	*37591* AZ-325	Private	9. 6. 1890	Neustadtl,1.M.135 *Nové Město Moravé*	100491
592	Lauer Irma	*37592* AZ-326	Hausgehilfin	31. 8. 193?	Teltsch,Mládekgl81 dzt.Trebitsch Iglauer Vor 1 *Telč*	100117
593	Thierfeld Emma	*37593* AZ-327	Haushalt	13. 3. 1887	Stadt Saar 65	100636
594	Schwartz Irene M.	*37594* AZ-328	Fotografin	3.12. 7615	Stadt Saar 65 *Město Žďár*	100654
595	Thierfeld Paul	*37595* AZ-329	Arbeiter	16. 3. 1936	Stadt Saar 65	100633
596	Brady Georg	*37596* EK-825	Schüler	9. 2. 1938	Neustadtl 1.M.13	100435
597	Brady Hana	*37597* ET-348	Schülerin	16. 5. 1931	Neustadtl 1.M.13	100436
598	Jillisch Anna	*37598* AZ-338	Haushalt	27. 1. 1901	Dachesetz 28 *Brezejc*	100714
599	Blum Irene	*37599* gu-446	Haushalt	15.10. 1891	Gr..eseritsch Dalimilg.20	100433
600	Buchsbaum Elsa	*37600* 6s-372	Haushalt	13.12. 1892	Gr..eseritsch Dalimilg.20	100418

Av

Daeth Fumiko i wybod oddi wrth y rhestr hon fod gan Hana frawd.

Theresienstadt, 1943–44

Fel yr âi'r dyddiau a'r misoedd heibio, llanwyd Theresienstadt i'w ymylon nes ei fod yn fwy cyfyng fyth. Cyrhaeddai llond trenau o bobl drwy'r amser. Golygai hynny fod llai o fwyd i bawb ac achosai'r prinder wendid a salwch. Y rhai hynaf a'r rhai ieuengaf oedd yn wynebu'r perygl mwyaf.

Un diwrnod, wedi iddi fod yn y ghetto am flwyddyn, derbyniodd Hana neges bwysig oddi wrth ei brawd: Tyrd i 'nghyfarfod i i Dŷ'r Bechgyn am chwech o'r gloch heno. Mae gen i syrpréis gwerth chweil i ti.

Ni allai George aros i gael rhannu'r newydd da. 'Mae Nain yma! Fe gyrhaeddodd hi neithiwr!'

Rhoddai meddwl am gael gweld eu nain fodd i fyw i'r plant. Ond roedden nhw'n bryderus hefyd. Gwraig fonheddig oedd nain George a Hana, yn byw bywyd diwylliedig, cyffordus yn y brifddinas, Prâg. Gan y nain hael hon y cawson nhw'r sgwteri. Pan fyddent yn ymweld â hi yn y ddinas, byddai wastad yn rhoi bananas ac orenau iddyn nhw. Ond roedd hi wedi bod yn wael ei hiechyd ers rhai blynyddoedd. Sut y gallai ymdopi yn y lle erchyll hwn? Ddim yn dda, fel mae'n digwydd.

Daeth y plant o hyd iddi mewn atig orlawn, heb ddim ond gwellt i gysgu arno, un o lawer o hen bobl glaf. Roedd yn ganol Gorffennaf a'r atig yn chwilboeth. Bu'r olwg oedd arni yn ddigon i'w dychryn. Roedd eu nain dyner, drwsiadus mewn cyflwr enbyd, ei gwallt gwyn hardd, a arferai fod â phob blewyn yn ei le, yn un llanast a'i dillad

Barics y merched yn Theresienstadt, lle'r oedd Hana'n byw, bellach wedi ei adnewyddu.

yn rhacsiog a budr. 'Rydw i wedi dod ag un o fy lluniau i chi,' meddai Hana gan obeithio y deuai hynny â gwên i wyneb yr hen wraig. Ond prin y gallai ei nain droi ei phen i edrych arnynt. Plygodd Hana'r papur bras i wneud ffan o'i llun. 'Gorffwyswch chi rŵan,' meddai wrth iddi geisio creu awel fach ysgafn â'r ffan. Roedd hi'n falch ei bod yn cael cyfle i geisio helpu ei nain i deimlo'n well.

Sylweddolodd Hana yn fuan iawn mai'r hen bobl yn Theresienstadt a gâi'r dogn lleiaf o fwyd, a'r bwyd gwaethaf o'r cyfan. Roedd yr hyn a roddid i'w nain yn gwbwl annigonol ac yn heidio o bryfed yn aml. Ac nid oedd unrhyw foddion i'w gael. Byddai'r plant yn ymweld â hi mor aml ag oedd modd ac yn ceisio codi ei chalon drwy ddod â'u gwaith llaw i'w ddangos iddi a chanu caneuon yr oedden nhw wedi'u dysgu. 'Fe fydd yr amser drwg yma drosodd cyn pen dim,' meddai George. 'Mae Mam a Tada yn dibynnu arnon ni i gyd i ddal ati,' meddai Hana.

Ond, dri mis yn ddiweddarach, roedd eu nain wedi marw. Ar wahân i Hana a George, ni chymerodd neb fawr o sylw. Roedd angau o'u cwmpas ym mhobman a chynifer o bobl yn marw fel bod y fynwent yn llawn. Cydiodd Hana a George yn dynn yn ei gilydd gan adael i'r dagrau lifo a cheisio cofio'r adegau hapus a gawsant gyda'u nain.

Fel yr oedd mwy a mwy o bobl yn tywallt i mewn i Theresienstadt, roedd miloedd eraill yn tywallt allan. Caent eu llwytho i mewn i gerbydau a'u hanfon tua'r dwyrain, heb wybod beth fyddai eu tynged. Dechreuodd sibrydion ynglŷn â'r trawsgludo ledaenu rhwng muriau Theresienstadt. Ceisiai rhai eu hargyhoeddi eu hunain ac eraill fod bywyd gwell yn aros y rhai a anfonid ymaith ar y trenau. Ond fel yr âi amser heibio, ymledodd storïau am wersylloedd angau, creulondeb a lladd torfol. Pan fyddai pobl yn trafod y pethau hyn, rhoddai Hana ei dwylo dros ei chlustiau.

Bob hyn a hyn, byddai'r rhestrau a godai arswyd ar bawb yn cael eu rhoi i fyny ym mhob adeilad. Roedd yn rhaid i'r rhai oedd â'u henwau arnynt ymddangos yn y neuadd ymgynnull gerllaw'r orsaf ymhen deuddydd.

Rhestrau! Roedd rhestrau ym mhobman. Nid oedd neb tebyg i'r Natsïaid am gadw cofnodion manwl ac roedden nhw am i'r oll o'u carcharorion wybod hynny. Drwy gyfrwng y rhestrau a'r cyfrif cyson, roedd y Natsïaid yn benderfynol o'u hatgoffa gan bwy yr oedd y llaw uchaf. Gwyddai pawb y gallai cael eu cyfri a dod i sylw olygu trawsgludiad a chael eu gwahanu oddi wrth deuluoedd a ffrindiau unwaith eto.

Un bore, pan oedd Hana wrth ei gwaith, cafodd pawb yn y gwersyll orchymyn i roi'r gorau i beth bynnag yr oedden nhw'n ei wneud ac ymgynnull mewn cae anferth ar gwr y dref. Pawb – yr hen a'r ifanc. Cawsant eu harwain allan gan filwyr y Natsïaid oedd yn cario gynnau peiriant, a'u gorchymyn i sefyll yno heb na bwyd na diod. Teimlai pawb fod rhywbeth erchyll ar fin digwydd. Ni feiddiai Hana a'r genethod eraill sibrwd ymysg eu hunain hyd yn oed.

Ni allai Hana oddef meddwl y gallai gael ei gwahanu oddi wrth George. Nac oddi wrth y genethod yn *Kinderheim* L400, a oedd erbyn hyn bron fel chwiorydd iddi. Onid oedd yn ddigon fod ei rhieni wedi cael eu dwyn oddi arni? Safodd Ella wrth ei hochr gan geisio codi ei chalon â gwên a winc. Ond wedi pedair awr o sefyll, ni allai Hana ffrwyno'i theimlad o anobaith mwyach. Dechreuodd grio.

Rhoddodd Ella ddarn bach o fara a guddiwyd ganddi yn ei chôt i Hana. 'Bwyta di hwn, Hana,' erfyniodd yn dawel. 'Fe wnaiff i ti deimlo'n well.' Ond roedd dagrau Hana'n dal i lifo. Trodd yr eneth hŷn ati a sibrwd, 'Gwranda di'n ofalus arna i. Rwyt ti'n ddigalon ac wedi dychryn. Dyna sut mae'r Natsïaid am i ni fod, pob un ohonon ni. Paid â rhoi'r pleser hwnnw iddyn nhw, Hana. Paid â rhoi'r hyn maen nhw ei eisiau iddyn nhw. Rydan ni'n rhy gryf ac yn rhy dda i hynny. Rhaid i ti sychu dy ddagrau a bod yn ddewr.' A thrwy ryw wyrth, medrodd Hana wneud hynny.

Dechreuodd prif swyddog y Natsïaid weiddi enwau allan. Roedd yn rhaid rhoi cyfrif o bob carcharor. O'r diwedd, wedi wyth awr o sefyll yn y rhewynt, cafodd pawb orchymyn i ddychwelyd i'r barics.

Pan ddechreuodd y Natsïaid sylweddoli ym Medi 1944 eu bod yn prysur golli'r rhyfel, cyhoeddwyd fod mwy o bobl i adael Theresienstadt. Byddai'n rhaid cyflymu'r trawsgludo ar unwaith. Bellach roedd rhestrau newydd o enwau yn cael eu rhoi i fyny bob dydd.

Bob bore, byddai Hana'n rhedeg i lawr i brif fynedfa'r adeilad lle'r oedd y rhestr i'w gweld, a'i chalon yn curo fel gordd. Ac un diwrnod, dyna lle'r oedd – yr enw y bu'n arswydo rhag dod o hyd iddo – George Brady. Teimlodd Hana ei choesau'n gwegian. Eisteddodd ar y llawr heb wneud unrhyw ymdrech i gadw'r dagrau'n ôl. Roedd George, ei brawd annwyl, ei gwarchodwr, yn mynd i gael ei anfon i ffwrdd i'r dwyrain. Cawsai'r bachgen llawn bywyd hwnnw, oedd bellach yn ddyn ifanc, ei orchymyn i ymddangos ar yr orsaf gyda 2,000 o ddynion abl eraill.

Pan gyfarfu'r ddau am y tro olaf ar y llwybr llychlyd rhwng Tŷ'r Bechgyn a *Kinderheim* L410, gofynnodd George i Hana wrando'n astud arno. 'Rydw i'n gadael fory,' meddai. 'Rŵan, yn fwy nag erioed, mae'n rhaid i ti fwyta gymaint ag y gelli di. Rhaid i ti anadlu awyr iach bob cyfle gei di. Rhaid i ti gymryd gofal ohonot dy hun er mwyn cadw dy nerth. Hwn ydi fy nogn ola i. Rydw i am i ti fwyta bob briwsionyn.'

Gwasgodd George hi'n dynn ato a thynnu ei law'n dyner drwy'i gwallt. 'Mi wnes i addo i Mam a Tada y byddwn i'n edrych ar dy ôl di ac yn mynd â chdi adra'n saff fel y gallwn ni fod efo'n gilydd yn un teulu unwaith eto. Dydw i ddim eisiau torri'r addewid hwnnw.' Yna sgrechiodd chwiban yr hwyrgloch ac roedd George wedi mynd.

Ni allai Hana oddef cael ei gwahanu oddi wrth ei brawd. Ei rhieni i ddechrau, ac yna George. Teimlai'n ddiobaith ac yn sobor o unig. Weithiau, pan fyddai rhai o'r genethod yn ceisio ei chysuro, byddai'n troi ei phen draw neu hyd yn oed yn arthio arnynt i adael llonydd iddi.

Ella garedig oedd yr unig un a allai ei pherswadio i fwyta ei dogn pitw. 'Cofia be ddwedodd dy frawd wrthat ti,' meddai. 'Mae angen i ti gymryd gofal ohonot dy hun a bod yn ddewr – er ei fwyn o.'

Fis yn ddiweddarach, cafodd Hana wybod ei bod hithau, hefyd, yn cael ei hanfon i'r dwyrain. Aduniad! 'Mi ga i weld George eto,' meddai wrth bawb. 'Mae o'n aros amdana i.'

Aeth i chwilio am Ella. 'Elli di fy helpu i?' holodd. 'Rydw i eisiau edrych yn ddel pan wela i George. Rydw i eisiau dangos iddo fo 'mod i wedi cymryd gofal ohonof fy hun.' Ar waetha'i hofnau ei hun, roedd Ella yn awyddus i feithrin gobaith ei ffrind. Gwenodd ar Hana a dechreuodd ar ei gwaith. Aeth i nôl dŵr o'r pwmp a defnyddiodd ei sgŵar bach olaf o sebon i olchi wyneb Hana a'i gwallt cnotiog, budr. Defnyddiodd ddarn o glwt i'w glymu'n gynffon. Pinsiodd fochau Hana er mwyn dod ag ychydig o wrid iddynt. Yna camodd Ella'n ôl i astudio canlyniad ei hymdrech. Disgleiriai wyneb Hana gan obaith. 'Diolch i ti, Ella,' meddai, gan roi ei breichiau amdani. 'Wn i ddim be fyddwn i wedi'i wneud hebddat ti.' Edrychai Hana yn hapus am y tro cyntaf ers i George gael ei anfon i ffwrdd.

Y noson honno, paciodd Hana ei chês. Doedd ganddi fawr i'w roi ynddo: ambell ddilledyn ac ôl traul arno, un o'r lluniau a dynnodd yn nosbarth arlunio Friedl, llyfr o storïau a roesai Ella iddi. Wedi iddi orffen, gorweddodd ar ei bync i dreulio ei noson olaf yn Theresienstadt.

Fore trannoeth, gorymdeithiodd Hana a sawl un arall o enethod *Kinderheim* L410 i'r orsaf. Cyfarthai milwyr y Natsïaid eu gorchmynion a chwyrnai'r cŵn gan ddangos eu dannedd. Ni feiddiai neb anufuddhau.

'Lle wyt ti'n meddwl ydan ni'n mynd?' sibrydodd Hana wrth Ella. Nid oedd gan neb unrhyw syniad. Dringodd y genethod i mewn i'r cerbyd tywyll fesul un, nes nad oedd modfedd o le'n weddill ar y trên. Surodd yr aer. A dechreuodd yr olwynion droi.

Pwffiodd y trên ymlaen am ddiwrnod a noson. Nid oedd bwyd i'w gael. Nid oedd dŵr i'w gael, na'r un toiled chwaith. Ni wyddai'r genethod pa mor hir fyddai'r daith. Roedd eu cegau'n sych grimp, eu cyrff yn boenau i gyd, a'u stumogau'n rymblan o eisiau bwyd.

Ceisient gysuro ei gilydd trwy ganu eu hoff ganeuon. 'Pwysa di arna i,' meddai Ella yn dawel, 'a gwranda, Hana.'

> Pan fyddaf eisiau canu'r felan
> Rwy'n cofio am y neidr druan.
> Wrth feddwl gwisgo sgidiau hon
> Mae 'mywyd i'n tu hwnt o llon.

Cydiodd y genethod yn nwylo'i gilydd a chau eu llygaid, gan geisio dychmygu eu bod yn rhywle arall. Roedd pob un yn dychmygu pethau gwahanol. Pan gaeai Hana ei llygaid, gwelai wyneb cryf, siriol ei brawd.

Ac yna'n sydyn, ganol nos Hydref 23, 1944, clywyd sŵn olwynion yn crensian wrth i'r trên arafu, a stopio. Agorwyd y drysau a gorchmynnwyd y genethod i adael y cerbyd. Roedden nhw yn Auschwitz.

Cawsant eu gorchymyn gan filwr ffyrnig i sefyll yn syth ac yn dawel ar y platfform. Daliai'n dynn yn nhennyn ci mawr oedd yn awchu am ymosod. Taflodd y milwr gipolwg i fyny ac i lawr y rhes. Cleciodd ei chwip i gyfeiriad un eneth a oedd yn ymwybodol iawn o'i thaldra. 'Ti,' meddai, 'draw acw, i'r dde!' Cleciodd ei chwip unwaith eto i gyfeiriad un arall o'r genethod hŷn. 'Tithau hefyd.' Yna galwodd ar dwr o filwyr ifanc a safai ar ymyl y platfform. 'Ewch â nhw, rŵan!' arthiodd gan bwyntio at Hana a'r lleill. Trodd y genethod i'w dilyn a'r chwiloleuadau llachar yn eu dallu. 'Gadewch eich cesys ar y platform,' gorchmynnodd y milwyr.

O dan lygaid gwyliadwrus y milwyr a'r cŵn ffyrnig yr olwg, gorymdeithiodd Hana a'i chymdeithion drwy giât haearn. Daliodd Hana'n dynn yn llaw Ella. Wrth iddynt fynd heibio i farics enfawr, gwelsant garcharorion mewn dillad streipiog yn sbecian allan, eu hwynebau'n ddim ond croen ac asgwrn. Cawsant eu hysio i mewn i adeilad mawr. Caeodd y drws ar eu holau gyda chlep arswydus.

Terezín, Gorffennaf 2000

'Be mae'r ticiau 'ma'n ei olygu?' holodd Fumiko, wrth iddi astudio'r dudalen oedd yn cynnwys enwau Hana a George Brady.

Petrusodd Ludmila ac yna meddai, gan ddewis ei geiriau'n ofalus, 'Maen nhw'n golygu na fu i'r sawl sydd â thic wrth ei enw ddod trwyddi.'

Astudiodd Fumiko'r dudalen unwaith eto. Roedd tic wrth enw Hana. Fel y rhan fwyaf o'r 15,000 o blant a garcharwyd yn Theresienstadt, bu Hana farw yn Auschwitz.

Plygodd Fumiko ei phen a chau ei llygaid. Er ei bod hi eisoes wedi dyfalu'r gwir, roedd ei glywed yn cael ei ddweud a'i weld ar bapur yn ergyd greulon. Eisteddodd yn fud am rai munudau gan geisio rhoi trefn ar ei meddyliau.

Yna wedi iddi ddod ati ei hun, cododd ei phen. Nid oedd stori Hana drosodd. Yn awr, yn fwy nag erioed, roedd Fumiko eisiau gwybod popeth amdani – er ei mwyn ei hun, er mwyn y plant oedd yn aros iddi ddychwelyd i Siapan, ac er cof am Hana. Roedd hi'n gwbl benderfynol na châi'r bywyd ifanc hwn, a ddinistriwyd mewn modd mor anghyfiawn, ei anghofio. Ei chenhadaeth hi oedd gwneud yn siŵr o hynny. Nid oedd yr ymchwil ar ben.

'Does yna'r un tic wrth enw George,' meddai Fumiko. 'Oes yna ryw ffordd y gallwn ni gael gwybodaeth amdano? Be ddigwyddodd iddo? I ble'r aeth o? Ydi o'n dal yn fyw?' Petai hi ond yn dod o hyd iddo, efallai y gallai ei helpu i ddarganfod rhagor am Hana. Dechreuodd Fumiko grynu gan gyffro.

Syllodd Ludmila yn benisel arni. Roedd hi'n ymwybodol pa mor awyddus oedd Fumiko i gael gwybod. 'Does gen i ddim syniad beth ddigwyddodd iddo,' meddai'n dawel. 'Mae 'na gymaint o amser ers y rhyfel. Fe allai fod wedi mynd i unrhyw gwr o'r byd. Fe allai fod wedi newid ei enw hyd yn oed. Neu fe allai fod wedi marw, flynyddoedd ar ôl y rhyfel.'

'Plîs!' erfyniodd Fumiko, 'mae'n rhaid i chi fy helpu i ddod o hyd iddo.'

Ochneidiodd Ludmila a throi'n ôl at y silffoedd oedd yn orlawn o gyfrolau'n cynnwys y rhestrau enwau. 'Fe allwn ni ddal i chwilio am gliwiau'n y rhain,' meddai. Am yr awr nesaf, bu Fumiko a Ludmila yn mynd trwy'r llyfrau gan chwilio am unrhyw gyfeiriad arall at George Brady. Ac o'r diwedd, daethant o hyd i un.

Roedd ei enw ar restr y rhai a garcharwyd yn *Kinderheim* L417, Tŷ'r Bechgyn yn Theresienstad. Cawsai'r enwau eu rhannu'n grwpiau o chwech gan fod dau fachgen yn rhannu pob matres yn y bynciau tair lefel. Pan aeth Ludmila trwy'r enwau a restrwyd gydag un George Brady, rhoddodd ysgytiad sydyn a syllodd i fyny ar Fumiko.

'Kurt Kotouc,' meddai. 'Kurt Kotouc,' meddai wedyn. 'Rydw i'n gyfarwydd â'r enw. Mae o'n byw yn ninas Prâg, ond does gen i ddim syniad ymhle. Os gallwn ni ddod o hyd iddo, efallai y gall roi gwybod i chi beth ddigwyddodd i frawd Hana. Yn anffodus, does dim mwy alla i ei wneud yma. Rhowch gynnig ar yr Amgueddfa Iddewig yn Prâg. Efallai y gall rhywun eich helpu chi yno.'

Diolchodd Fumiko i Ludmila, drosodd a throsodd, am yr oll yr oedd hi wedi'i wneud. Rhoddodd ei breichiau amdani ac addawodd adael iddi wybod canlyniad ei chwilota. Dymunodd Ludmila bob lwc iddi. Yna cythrodd Fumiko am ei bag lledr a rhedodd allan o'r swydda i sgwâr y dref. Roedd y bws i Prâg i fod i gyrraedd unrhyw funud.

Prâg,
Gorffennaf 2000

Nid oedd gan Fumiko ond ychydig oriau o'r diwrnod yn weddill cyn bod ei hawyren yn gadael am Siapan yn gynnar fore trannoeth. Cyn gynted ag y daeth oddi ar y bws ym Mhrâg, galwodd am dacsi. 'Yr Amgueddfa Iddewig os gwelwch chi'n dda,' meddai yn fyr ei hanadl.

Cyrhaeddodd Amgueddfa Iddewig Prâg rai munudau cyn amser cau. Dywedodd y gofalwr wrthi am ddod yn ôl drannoeth. 'Ond alla i ddim,' ymbiliodd Fumiko. 'Mae'n rhaid i mi ddychwelyd i Siapan bore fory. Rydw i yma i weld Michaela Hajek wnaeth fy helpu i ddod o hyd i luniau pwysig iawn.' Pan welodd nad oedd modd argyhoeddi'r gofalwr, penderfynodd Fumiko ystumio ychydig ar y gwir. 'Mae hi'n fy nisgwyl i,' meddai'n hyderus. Ac fe adawodd y gofalwr iddi fynd i mewn.

Y tro hwn, roedd ffawd o'i phlaid. Roedd Michaela Hajek yn ei swyddfa ac yn cofio stori Hana. Gwrandawodd yn astud ar yr hyn oedd gan Fumiko i'w ddweud.

'Rydw i wedi clywed am Kurt Kotouc,' meddai. Ni allai Fumiko gredu ei chlustiau. 'Mi geisia i'ch helpu chi i ddod o hyd iddo,' addawodd Michaela. Gwyddai nad oedd gan Fumiko funud i'w golli.

Eisteddodd Fumiko'n dawel tra oedd Michaela'n gwneud un alwad ffôn ar ôl y llall. Rhoddodd pob un o'r rhai y bu'n siarad â nhw rif arall iddi roi cynnig arno, gan ddymuno'n dda iddi gyda'i hymchwil. O'r diwedd daeth i gysylltiad â swyddfa lle'r oedd Mr Kotouc, arbenigwr mewn hanes celfyddyd, yn gweithio. Rhoddodd y ffôn i Fumiko a cheisiodd hithau egluro'i neges. Er bod yr ysgrifenyddes yn awyddus i helpu, dywedodd wrthi fod Mr Kotouc yn mynd dramor y noson honno. 'Mae'n ddrwg gen i,' meddai wrth Fumiko, 'ond mae'n amhosibl trefnu cyfarfod.' Na, nid oedd ganddo amser i siarad ar y ffôn hyd yn oed.

Gwelodd Michaela wyneb Fumiko'n cymylu. Cymerodd y ffôn yn ôl ac erfyn ar yr ysgrifenyddes: 'Does ganddoch chi ddim syniad gymaint fyddai cael gweld Mr Kotouc yn ei olygu i'r ferch ifanc yma. Mae hi'n gorfod dychwelyd i Siapan bore fory. Dyma'r unig gyfle sydd ganddi.' Ildiodd yr ysgrifenyddes yn y diwedd.

Ddwyawr yn ddiweddarach, roedd hi'n dechrau nosi, yr Amgueddfa ar gau a'r staff i gyd wedi mynd adref. Ond disgleiriai golau llachar yn un o'r swyddfeydd, lle'r oedd Fumiko a Michaela yn aros am Mr Kotouc.

Cyrhaeddodd o'r diwedd. Roedd gan y gŵr ysgwyddog â'r llygaid byw lawer i'w ddweud. 'Does gen i ddim ond hanner awr nes y bydda i'n gorfod gadael am y maes awyr,' meddai. 'Wrth gwrs fy mod i'n cofio George Brady. Roedden ni'n rhannu bync yn Theresienstadt, a llawer mwy na hynny. Dydi rhywun byth yn anghofio'r cyfeillgarwch sy'n ffynnu mewn lle fel Theresienstadt. Nid yn unig hynny, rydan ni'n dal yn ffrindiau. Mae George yn byw yn Toronto, Canada.'

Estynnodd Mr Kotouc lyfr bach câs lledr o'i boced. 'Dyma'r hyn yr ydach chi'n chwilio amdano,' meddai gyda gwên.

Ysgrifennodd gyfeiriad George Brady ar ddarn o bapur a'i roi i Fumiko. 'O, Mr Kotouc, wn i ddim sut i ddiolch i chi,' meddai hithau.

Dymunodd Mr Kotouc bob lwc i Fumiko ac meddai, 'Rydw i mor falch fod plant Siapan yn awyddus i ddeall ac i ddysgu gwersi'r Holocost.' Yna prin bod ei draed yn cyffwrdd â'r llawr wrth iddo ruthro allan o'r swyddfa gyda'i baciau.

Roedd Fumiko'n wên o glust i glust. Roedd ei dyfalbarhad wedi talu'n dda. Diolchodd i Michaela gan ddweud gymaint yr oedd hi'n gwerthfawrogi'r help a roesai iddi.

Fore trannoeth, cymerodd Fumiko ei sedd ar yr awyren i wynebu'r daith hir yn ôl i Siapan. Roedd hi'n dal yn gyffro i gyd. Ceisiodd ddwyn i gof yr holl newyddion oedd ganddi i'r plant yn y Ganolfan. Wrth iddi sylweddoli fod gan Hana frawd mawr, ni allai lai na meddwl am ei chwaer fach ei hun, oedd dair blynedd yn iau na hi. Bu Fumiko'n gefn iddi bob amser a cheisiodd ddychmygu sut y byddai hi'n teimlo petai ei chwaer fach mewn perygl. Roedd hyd yn oed meddwl am hynny yn ddigon i yrru ias i lawr ei chefn. Edrychodd allan trwy ffenestr yr awyren a stori Hana'n ei hailadrodd ei hun fel tôn gron yn ei phen. Awr yn ddiweddarach, syrthiodd i gwsg trwm, am y tro cyntaf ers amser hir.

Tokyo,
Awst 2000

Yn ôl yn Tokyo, galwodd Fumiko gyfarfod arbennig o'r Adenydd Bychain. Rhannodd bob manylyn o'i hantur gyda'r aelodau. Y newydd drwg ddaeth gyntaf. A'r plant yn gylch o'i chwmpas, dywedodd Fumiko wrthynt, mewn llais tawel, fod yr hyn yr oedden nhw eisoes wedi'i ddyfalu yn wir. Bu Hana farw yn Auschwitz.

'Ond mae gen i syrpréis ardderchog i chi,' meddai Fumiko. Goleuodd wynebau'r plant. 'Roedd gan Hana frawd o'r enw George – ac mae o'n fyw!'

Dechreuodd y cwestiynau dasgu ar unwaith. 'Ble mae o?' gofynnodd Maiko. 'Faint ydi'i oed o?' holodd un o'r bechgyn. 'Ydi o'n gwybod fod cês Hana ganddon ni?' gofynnodd Akira. Adroddodd Fumiko'r cyfan a wyddai wrthynt a dywedodd ei bod am weithio'n hwyr y noson honno er mwyn ysgrifennu llythyr at George.

'Gawn ni anfon rhywbeth efo'r llythyr?' holodd Maiko. Gwasgarodd y plant hŷn i lecynnau tawel o gwmpas y Ganolfan er mwyn ysgrifennu cerddi. 'Be alla i ei wneud?' gofynnodd Akira i Maiko.

'Tynnu llun o Hana,' atebodd.

'Ond wn i ddim sut un oedd hi,' mynnodd yntau.

'Gwna lun ohoni fel rwyt ti'n ei dychmygu hi,' meddai Maiko. A dyna wnaeth Akira.

Ysgrifennodd Fumiko ei llythyr hi yn ofalus iawn. Gwyddai y byddai ei dderbyn yn sioc i George. Gwyddai hefyd fod amryw o'r rhai a oroesodd yr Holocost yn gwrthod sôn gair am eu profiadau.

Ofnai y gallai atgofion George fod mor chwerw ac mor boenus fel na fyddai eisiau clywed dim am gês Hana a Chanolfan yr Holocost yn Siapan.

Gwnaeth Fumiko gopïau o luniau Hana a'u pacio'n ofalus gyda'r cerddi a'r storïau a'r lluniau o waith y plant. Yna aeth â'r parsel i lawr i swyddfa'r post. Croesodd ei bysedd, a'i anfon i Ganada.

Teyrnged a wnaed i Hana gan blant yng Nghanolfan yr Holocost. Defnyddiwyd y sillafiad Almaeneg, Hanna, gan mai dyna oedd ar y cês.

Toronto, Canada
Awst 2000

Roedd yn brynhawn cynnes, heulog ym mis Awst. Daethai George Brady, saith deg a dwy oed, adref o'i waith yn gynnar a bwriadai dreulio prynhawn tawel ar ei ben ei hun yn gwneud ei gyfrifon. Roedd yn eistedd wrth y bwrdd yn yr ystafell fwyta pan glywodd sŵn traed y postmon, siffrwd amlenni'n cael eu gwthio trwy'r twll llythyrau, a'u clec wrth iddynt lanio ar lawr. Mi a' i i'w nôl nhw yn nes ymlaen, meddai wrtho'i hun. Yna canodd cloch y drws.

Pan agorodd y drws, roedd y postmon yn sefyll yno. 'Roedd hwn yn rhy fawr i ffitio trwy'r twll llythyrau,' meddai gan estyn parsel i George. Marc post Siapan oedd ar y parsel. Beth all hwn fod, tybed? meddyliodd George. Nid oedd yn adnabod neb yn Siapan.

George Brady heddiw.

Pan agorodd y parsel a dechrau darllen y llythyr, curodd calon George yn gyflymach. Caeodd ei lygaid, a'u hagor wedyn, er mwyn gwneud yn siŵr fod yr hyn yr oedd yn ei ddarllen yn real. Ai breuddwydio yr oedd o?

Colli ei chwaer Hana oedd y profiad personol tristaf a'r un mwyaf dirdynnol a gawsai George erioed. Er ei fod wedi byw gyda hynny am dros hanner canrif, ni allodd gael gwared â'r teimlad y dylai fod wedi gallu gwarchod ei chwaer fach.

Yn awr, rywfodd neu'i gilydd, hanner ffordd ar draws y byd, roedd ei stori'n cael ei hadrodd a'i bywyd yn cael ei anrhydeddu. Roedd George wedi ei daro'n fud. Eisteddodd, a gadawodd i'w feddwl grwydro'n ôl hanner cant a phump o flynyddoedd.

Pan ryddhawyd Auschwitz yn Ionawr 1945, roedd George yn ddwy ar bymtheg oed. Gallodd oresgyn erchyllterau'r gwersyll oherwydd ei fod yn ifanc ac yn gryf, trwy fod yn lwcus, a thrwy weithio fel plymar, crefft a ddysgodd yn Theresienstadt. Pan gafodd ei ryddhau, roedd mewn gwendid mawr ac yn boenus o denau. Ond roedd yn benderfynol o wneud ei ffordd yn ôl i Nove Mesto – at ei rieni a'i chwaer fach Hana. Ysai am gael gweld ei deulu'n gyfan unwaith eto.

Ar droed, ar drên a thrwy ffawdheglu, llwyddodd George i gyrraedd y cartref a garai ym Mai 1945. Aeth ar ei union i dŷ Ewythr Ludvik a Modryb Hedda. Yno yr oedd wedi profi bywyd teuluol, cariad a diogelwch am y tro olaf. Pan agorodd ei ewythr a'i fodryb y drws a gweld eu nai yn sefyll yno, ni allent gredu eu llygaid. Rhoesant eu breichiau amdano, a bu'r tri yn cofleidio, yn cusanu, yn cyffwrdd, yn crio.

Ond byr fu parhad llawenydd mawr yr aduniad. 'Ble mae Mam a Tada?' holodd George. Gorfodwyd Ludvik a Hedda i ddatgelu'r gwirionedd creulon. Cawsai Marketa ei hanfon o Ravensbruck i Auschwitz a'i llofruddio yno yn 1942. Lladdwyd Karel yno yr un flwyddyn. 'A Hana?' sibrydodd George. Y cyfan a wyddai ei fodryb a'i ewythr oedd ei bod wedi cael ei hanfon i Auschwitz.

Am fisoedd, bu George yn dal gafael yn y gobaith gwan y byddai Hana'n ymddangos yn rhywle, rywfodd neu'i gilydd. Chwiliai amdani yn wyneb pob geneth ifanc a welai, ym mhob pen melyn a âi heibio, ym mhob cam sionc. Un diwrnod, daeth geneth yn ei harddegau i fyny ato ar stryd fawr Prâg.

'George?' holodd. 'George Brady, brawd Hana, ydach chi yntê? Marta ydw i. Ro'n i'n nabod Hana. Roedden ni'r genethod hŷn yn Theresienstadt i gyd yn meddwl y byd ohoni.' Syllodd George i fyw llygaid Marta. Efallai y byddai ganddi hi ryw wybodaeth, rhyw lygedyn o obaith i'w gynnig iddo. Sylweddolodd Marta na wyddai George am dynged ei chwaer. Gan afael yn ei ddwylo, meddai'n dawel a heb flewyn ar dafod, 'Fe gafodd Hana ei hanfon i'r siambr nwy yn Auschwitz y diwrnod y cyrhaeddodd hi yno. Mae'n ddrwg gen i, George. Mae Hana wedi marw.' Teimlodd George ei goesau'n gwegian a chaeodd y tywyllwch amdano.

〒160-0015 東京都新宿区大京町28-105
TEL:03-5363-4808 FAX:03-5363-4809

28-105 Daikyo-cho,Shinjuku-ku Tokyo,160-0015 JAPAN
TEL:+81-3-5363-4808 FAX:+81-3-5363-4809

E-mail : Holocaust@Tokyo.email.ne.jp
Homepage : http://www.ne.jp/asahi/holocaust/tokyo

ホロコースト教育資料センター

Tokyo Holocaust Education Resource Center

~For Children, Builders of Peace

Mr. George Brady
23 Blyth Hill Road
Toronto 12, M4N 3L5
CANADA

August 22, 2000

Dear Mr. Brady,

We take a liberty of addressing and telling you about our activities in Japan. My name is Fumiko Ishioka and I am Director of Tokyo Holocaust Education Resource Center. In July this year I met with Mr. Kurt Jiri Kotouc in Prague and I got your address from him. The reason why I am writing to you is because we are now exhibiting your sister, Hanna Brady's suitcase at our Center. Please forgive me if my letter hurts you reminding you of your past difficult experiences. But I would very much appreciate it if you could kindly spare some time to read this letter.

Please let me start with a little explanation on what we do in Japan. Tokyo Holocaust Education Resource Center, established in October 1998, is a non-profit, educational organization that aims at further promoting understanding of the history of the Holocaust especially among young children in this country. Children here do not have a chance to learn about the Holocaust, but we believe it is our responsibility too to let our next generation learn the lessons of the Holocaust so that such a tragedy would never be repeated again anywhere in the world. As well as learning the truth of the Holocaust, it is also very important for children, we believe, to think about what they can do to fight against racism and intolerance and to create peace by their own hands.

Besides welcoming children at our Center for exhibition and study programs, this year we organized a pair of traveling exhibition, "The Holocaust Seen Through Children's Eyes" in order to reach more children living far from our Center. For this project, we borrowed some children's memorial items from individuals and museums in Europe, one of which is Hanna Brady's suitcase from the museum of Auschwitz. Many children are now visiting our Center to see this suitcase to learn about the Holocaust. In June, furthermore, we held the Children's Forum on the Holocaust 2000, where our Center's children's group "Small Wings" did a little opening performance on Hanna's suitcase. "Small Wings" is a group of children, aged from 8 to 18, who write newsletters and make videos to let their friends know about the Holocaust and share what they learn from it. At the Forum they decided to use Hanna's suitcase to do an introduction for their friends who have never heard of the Holocaust. It successfully helped participants of the Forum focus on one little life, among one and a half million, lost during the Holocaust, and think about importance of remembering this history.

When I received the suitcase from the museum of Auschwitz, all the information I had were things written on the suitcase, her name and her birthday, and from the Terezin memorial book I got the date when she was deported to Auschwitz. I could also find 4 of her drawings from Terezin. But that was all. Hoping to get more information on Hanna, I went to Terezin in July, when I found your name on the list I got from the ghetto museum and heard that you survived. I was then so lucky to find Mr.Kotouc in Prague and met with him, from whom I heard you now live in Toronto. Those children of "Small Wings" were all so excited to know Hanna had a brother and he survived.

I was wondering if you would kindly be able to tell us about you and Hanna's story, the time you spent with Hanna before sent to the camp, things that you talked with her, you and her dreams, and anything that would help children here feel close to you and Hanna to understand what prejudice, intolerance and hatred did to young Jewish children. If possible, I would be grateful if you could lent us any kind of memorial items such as your family's photo, and so on. It will greatly help us further promote our goal to give every child in Japan a chance to learn about the Holocaust.

Thank you very much for your time. I would very much appreciate your kind understanding for our activities.

I look forward to hearing from you.

With kindest regards,

Fumiko Ishioka
Director
Tokyo Holocaust Education Resource Center

Y llythyr a anfonodd Fumiko at George.

Llythyr Fumiko i George Brady

Canolfan Hyrwyddo Addysg yr Holocost Tokyo – i Blant, Seiri Rhyddid

Mr George Brady
23 Blyth Hill Road
Toronto 12, M4N 3L5
CANADA

Awst 22, 2000

Annwyl Mr Brady,

Rydym yn mentro ysgrifennu atoch i roi gwybod i chi am ein gweithgareddau ni yn Siapan. Fy enw i yw Fumiko Ishioka, a fi yw cyfarwyddwr Canolfan Hyrwyddo Addysg yr Holocost. Yn ystod mis Gorffennaf eleni, cefais gyfle i gyfarfod â Mr Kurt Jiri Korouc yn Prâg a rhoddodd ef eich cyfeiriad i mi. Rwy'n ysgrifennu atoch yn bennaf oherwydd ein bod ar hyn o bryd yn arddangos cês eich chwaer, Hana Brady, yn ein Canolfan. Maddeuwch i mi os yw fy llythyr yn achosi loes i chi trwy eich atgoffa o brofiadau anodd y gorffennol. Ond byddwn yn gwerthfawrogi'n fawr pe baech yn gallu neilltuo ychydig amser i'w ddarllen.

Efallai y dylwn ddechrau trwy egluro'r hyn yr ydym yn ei wneud yma yn Siapan. Sefydliad addysgol dielw yw'r Ganolfan Hyrwyddo Addysg. Fe'i sefydlwyd yn Hydref 1998, a'i hamcan yw meithrin dealltwriaeth o hanes yr Holocost, yn arbennig ymysg plant. Nid yw plant y wlad hon yn cael cyfle i ddysgu am yr Holocost, ond credwn mai ein cyfrifoldeb ni yw gwneud yn siŵr fod y genhedlaeth nesaf yn dysgu gwersi'r Holocost fel na fydd i'r fath drasiedi ddigwydd byth eto yn unman yn y byd. Rydym hefyd yn credu ei bod yn bwysig i blant ystyried beth allant hwy ei wneud yn y frwydr yn erbyn hiliaeth ac anoddefgarwch ac i greu heddwch trwy eu hymdrech eu hunain.

Yn ogystal â chroesawu plant i'r arddangosfa a'r dosbarthiadau astudio yn y Ganolfan, rydym wedi trefnu arddangosfa deithiol eleni, 'Yr Holocost Drwy Lygaid Plant', er mwyn cyrraedd rhai sy'n byw ymhell o'r Ganolfan. Ar gyfer y prosiect hwn, cawsom fenthyg deunydd coffa gan unigolion ac amgueddfeydd yn Ewrop. Un o'r eitemau hynny yw cês Hana Brady o Amgueddfa Auschwitz. Mae lluoedd o blant yn ymweld â'n Canolfan i weld y cês hwn ac i ddysgu am yr Holocost. Yn ystod mis Mai, bu i ni hefyd gynnal 'Holocost 2000', Cylch Trafod i blant. Rhoddodd 'Yr Adenydd Bychain', grŵp a ffurfiwyd yn y Ganolfan gan blant rhwng 8 a 18 oed, berfformiad agoriadol wedi'i seilio ar gês Hana. Bydd y grŵp yn ysgrifennu cylchlythyrau ac yn paratoi fideos er mwyn i'w ffrindiau ddod i wybod am yr Holocost a chael cyfle i rannu'r gwersi y maen nhw wedi eu dysgu oddi wrtho. Yn ystod y Cylch Trafod penderfynwyd defnyddio cês Hana er mwyn cyflwyno'r hanes i rai nad oedd erioed wedi clywed am yr Holocost. Roedd hynny'n eu helpu i ganolbwyntio ar un bywyd bach, ymhlith y miliwn a hanner a gollwyd yn ystod yr Holocost, ac i sylweddoli pwysigrwydd cofio'r hanes hwn.

Pan dderbyniais i'r cês o Amgueddfa Auschwitz, y cyfan o wybodaeth oedd gen i oedd yr hyn a ysgrifennwyd arno, ei henw a'i ddyddiad geni. Deuthum o hyd i'r dyddiad y cafodd ei hallgludo i Auschwitz yn llyfr coffa Terezin. Llwyddais hefyd i gael pedwar llun o'i gwaith. Ond dyna'r cyfan. Euthum i Terezin ym mis Gorffennaf gan obeithio cael rhagor o wybodaeth am Hana. Gwelais eich enw ar y rhestr a gefais yn amgueddfa'r ghetto a chefais wybod eich bod wedi dod trwyddi. Bûm mor ffodus â chael cyfarfod Mr Kotouc yn Prâg a dywedodd yntau wrthyf eich bod yn awr yn byw yn Toronto. Roedd plant 'Yr Adenydd Bychain' i gyd yn gynhyrfus dros ben pan glywsant fod gan Hana frawd, a'i fod wedi goroesi'r rhyfel.

Tybed a fyddech chi mor garedig â rhoi peth o'ch hanes chi a Hana i ni, y blynyddoedd a gawsoch gyda'ch gilydd cyn cael eich anfon i'r gwersyll, y pethau y byddech chi'n sôn amdanynt, eich dymuniadau a'ch breuddwydion, ac unrhyw beth fyddai'n helpu'r plant i deimlo'n agos atoch chi a Hana ac i ddeall yr effaith a gafodd rhagfarn, anoddefgarwch a chasineb ar blant Iddewig? Mi fyddwn i y tu hwnt o ddiolchgar pe bai'n bosibl i chi roi benthyg unrhyw ddeunydd coffa, fel llun o'r teulu, i ni. Byddai hynny'n rhoi hwb mawr i'n nod o roi cyfle i bob plentyn yn Siapan ddysgu am yr Holocost.

Diolch o galon i chi am roi o'ch amser. Byddwn yn gwerthfawrogi'ch diddordeb yn ein gweithgareddau yn fawr iawn.

Edrychaf ymlaen at glywed oddi wrthych,

Gyda chyfarchion,

Fumiko Ishioka

Cyfarwyddwr

Canolfan Hyrwyddo Addysg yr Holocost, Tokyo

Toronto
Awst 2000

Roedd llawer iawn wedi digwydd yn ystod yr hanner canrif a rhagor er pan gawsai George wybod am dynged erchyll ei rieni a'i chwaer. Gadawsai Nove Mesto pan oedd yn ddwy ar bymtheg oed. Teithiodd o ddinas i ddinas yn Ewrop, gan gludo'r unig drysor oedd ganddo – bocs yn cynnwys darluniau o'r teulu, a guddiwyd gan Ewythr Ludvik a Modryb Hedda. Yna, yn gynnar yn 1951, symudodd i Toronto a sefydlodd waith plymer gydag un arall a lwyddodd i oroesi'r Holocost. Bu'r busnes yn llwyddiant mawr. Priododd George. Daeth yn dad i dri o feibion ac yna, flynyddoedd lawer yn ddiweddarach, i un ferch.

Ymfalchïai George yn y ffaith ei fod wedi dal ati, er gwaethaf ei holl ddioddef yn ystod yr Holocost a'r ffaith bod ei fam, ei dad a'i chwaer wedi cael eu llofruddio gan y Natsïaid. Roedd yn ŵr busnes llwyddiannus ac yn dad balch. Fe'i hystyriai ei hun yn ddyn cyfrifol, un a lwyddai i fwrw profiadau'r rhyfel o'i feddwl, gan amlaf. Ond roedd i bob tasg a gyflawnai, pa lawenydd bynnag a deimlai, arlliw'r cof o'i chwaer fach dlos a'i thynged erchyll.

Ac yn awr, dyma lythyr a anfonwyd hanner ffordd ar draws y byd yn ei hysbysu fod cês ei chwaer yn helpu cenhedlaeth newydd o blant Siapan i ddysgu am yr Holocost. Roedd y llythyr hefyd yn gofyn, yn gwrtais iawn, am ei help.

Maddeuwch i mi os yw fy llythyr yn achosi loes i chi trwy eich atgoffa o'ch profiadau anodd yn y gorffennol. Ond fe fyddwn i'n gwerthfawrogi'n fawr pe baech chi mor garedig â rhoi peth

o'ch hanes chi a Hana i ni, y blynyddoedd a gawsoch chi
gyda'ch gilydd cyn cael eich anfon i'r gwersyll, y pethau y
byddech chi'n sôn amdanynt, eich dymuniadau a'ch
breuddwydion, ac unrhyw beth fyddai'n helpu plant Japan i
deimlo'n agos atoch chi a Hana ac i ddeall yr effaith a gafodd
rhagfarn, anoddefgarwch a chasineb ar blant Iddewig.

Mi fyddwn i y tu hwnt o ddiolchgar pe bai'n bosibl i chi roi
benthyg unrhyw ddeunydd coffa, fel llun o'r teulu, i ni. Byddai
hynny'n rhoi hwb mawr i'n nod o roi cyfle i bob plentyn yn
Siapan ddysgu am yr Holocost. Roedd pawb yn y Ganolfan a
phlant 'Yr Adenydd Bychain' i gyd yn gynhyrfus dros ben pan
glywsant fod gan Hana frawd, a'i fod wedi goroesi'r rhyfel.

Arwyddwyd y llythyr gan 'Fumiko Ishioka'.

Prin y gallai George gredu'r peth. Daethai cysylltiadau syfrdanol a chyd-ddigwyddiadau rhyfeddol â thri byd at ei gilydd: byd y plant yn Siapan, George yn Canada, a byd coll Iddewes fach o Tsiecoslofacia a fu farw amser maith yn ôl. Sychodd George ei ddagrau, ac yna gwenodd ynddo'i hun. Gallai weld wyneb Hana mor glir. Bron na allai ei chlywed yn chwerthin a theimlo'i llaw feddal yn ei law ef. Aeth at y ddresel dderw ac estyn albwm lluniau ohoni. Roedd am gysylltu â Fumiko Ishioka gynted ag oedd modd.

Tokyo
Medi 2000

Bu Fumiko yn nerfau i gyd byth er pan anfonodd y llythyr i Toronto. A fyddai George Brady yn ateb? A fyddai'n barod i'w helpu i ddod i adnabod Hana? Roedd hyd yn oed y postmon yn gwybod pa mor bryderus oedd Fumiko. 'Oes ganddoch chi rywbeth o Ganada heddiw?' gofynnai, yr eiliad y gwelai ef yn cerdded i fyny'r llwybr. Roedd yn gas ganddo ei siomi, ond 'na' fyddai'r ateb, y naill ddiwrnod ar ôl y llall.

Ar y dydd olaf o'r mis, roedd Fumiko ar ganol croesawu deugain o athrawon a myfyrwyr i'r Ganolfan. Roedden nhw yno i ddysgu am yr Holocost ac i weld y cês. Trwy gil ei llygad, gwelodd y postmon yn cerdded yn gyflym tuag at yr adeilad a gwên lydan ar ei wyneb. Esgusododd Fumiko ei hun a rhedeg i'w gyfarfod. 'Mae o wedi cyrraedd,' meddai yntau gan wenu o glust i glust ac estyn amlen drwchus iddi.

'O, diolch i chi,' llefodd Fumiko. 'Rydach chi wedi rhoi modd i fyw i mi!'

Aeth â'r llythyr i'w swyddfa. Wrth iddi dynnu'r tudalennau o'r amlen, syrthiodd rhai darluniau allan. Pedwar darlun o Hana a'i gwallt melyn golau'n dorch am ei hwyneb siriol.

Rhoddodd Fumiko waedd uchel. Ni allai beidio. Rhuthrodd rhai o'r athrawon a'r myfyrwyr at ddrws ei swyddfa. 'Be sy'n bod? Be sydd wedi digwydd?' holodd yr ymwelwyr.

'Does 'na ddim byd yn bod,' meddai hithau gan faglu dros ei geiriau. 'Rydw i mor hapus, mor gynhyrfus. Edrychwch, dyma lun o

Hana.

Hana. Hon yw'r eneth fach brydferth y buon ni'n gweithio mor galed i ddod o hyd i'w hanes.'

Yn ogystal â'r darluniau, roedd yno lythyr hir oddi wrth George. Cafodd Fumiko wybod am blentyndod hapus Hana yn Nove Mesto, am ei theulu, a pha mor hoff roedd hi o sgio a sglefrio. Roedd yn gysur sylweddoli fod Hana wedi cael bywyd da cyn i'r rhyfel ddinistrio popeth.

Cafodd Fumiko wybod hanes George hefyd. Teimlai ei hun yn chwyddo gan hapusrwydd wrth iddi ddarllen am ei fywyd yn Canada, ac am ei blant a'i wyrion. Dechreuodd grio. Fe ddaeth George trwyddi, meddai wrthi ei hun, drosodd a throsodd. Mae o'n fyw. Yn fwy na hynny, mae ganddo deulu y gall fod yn falch ohono. Ni allai Fumiko aros i gael rhannu'r newydd â phlant Yr Adenydd Bychain.

Tokyo
Mawrth 2001

'Peidiwch â chynhyrfu,' meddai Fumiko gan wenu. 'Fe fyddan nhw yma toc, rydw i'n addo.'

Ond ni allai dim a ddywedai ddofi cyffro'r plant y bore hwnnw. Roedden nhw'n gwibio o gwmpas y Ganolfan, yn mynd dros eu cerddi, yn tacluso eu dillad am y canfed tro, yn dweud jôcs gwirion er mwyn i'r amser fynd heibio'n gynt. Roedd hyd yn oed Maiko, a fyddai'n llwyddo i dawelu pawb arall fel rheol, ar bigau drain.

Fumiko yn dal llun o'r cês tra mae George Brady yn siarad â'r plant yn ystod ei ymweliad â Siapan a Chanolfan yr Holocost.

Yna, o'r diwedd, roedd yr aros drosodd. Roedd George Brady a'i ferch ddwy ar bymtheg oed, Lara Hana, wedi cyrraedd.

Tawelodd y plant ar unwaith. Ymgasglodd pawb o gwmpas George yng nghyntedd y Ganolfan, gan ymgrymu iddo, yn ôl yr arfer yn Siapan. Ymgrymodd George iddynt hwythau. Cyflwynodd Akiro dorch hardd o flodau origami amryliw iddo. Roedd y plant i gyd yn cystadlu â'i gilydd er mwyn cael bod yn agos ato. Wedi'r holl fisoedd o glywed Fumiko'n sôn am George, y fath wefr oedd cael ei gyfarfod o'r diwedd!

Gafaelodd Fumiko ym mraich George. 'Dowch efo ni i weld cês eich chwaer,' meddai. Aethant draw i'r adran arddangos.

Ac yno, a'r plant yn tyrru o'i gwmpas, Fumiko'n gafael yn un llaw a'i ferch, Lara, yn y llall, gwelodd George y cês am y tro cyntaf ers dros hanner canrif.

Yn sydyn, cafodd ei lethu gan dristwch a oedd bron yn ormod i'w ddioddef. Hwn oedd cês ei chwaer fach. Dyna lle'r oedd ei henw, wedi'i ysgrifennu arno. Hana Brady. Ei chwaer brydferth, gref, ddireidus, hael, llawn hwyl. Bu farw mor ifanc ac mewn modd mor erchyll. Gwyrodd George ei ben a gadawodd i'r dagrau lifo.

Pan gododd ei ben ychydig funudau'n ddiweddarach, gwelodd ei ferch. Gwelodd Fumiko, a weithiodd mor galed i ddod o hyd iddo ef ac i stori Hana. A gwelodd wynebau disgwylgar y plant o Siapan y daethai Hana mor bwysig ac mor fyw iddynt.

Sylweddolodd George fod breuddwyd Hana o fod yn athrawes *wedi* dod yn wir o'r diwedd. O'i herwydd hi – ei chês a'i stori – roedd miloedd o blant Siapan yn dysgu am y gwerthoedd a ystyriai ef y rhai pwysicaf o'r cyfan: goddefgarwch, parch a thosturi. Dyna anrheg mae Fumiko a'r plant wedi ei rhoi i mi, meddyliodd. A dyna anrhydedd maen nhw wedi ei roi i Hana.

Gofynnodd Fumiko i'r plant eistedd mewn cylch. Gwenai o glust i glust gan falchder wrth i'r naill ar ôl y llall gyflwyno eu lluniau a'u cerddi i George. Wedi iddynt orffen, safodd Maiko ar ei thraed. Anadlodd yn ddwfn, a darllenodd y gerdd hon yn uchel.

Aelodau'r Adenydd Bychain yn dal cardiau i fyny sy'n dweud, 'Gadewch i ni Ddysgu, Meddwl a Gweithredu (i greu heddwch) ar gyfer yr unfed ganrif ar hugain', tra mae Maiko yn darllen.

Hana Brady, tair ar ddeg oed, oedd biau'r cês yma.

Bum deg pump o flynyddoedd yn ôl, Mai 18, 1942 – deuddydd wedi iddi gael ei phen blwydd yn un ar ddeg oed – aed â hi i Terezin yn Tsiecoslofacia.

Hydref 23, 1944, cafodd ei rhoi ar drên gorlawn a'i hanfon i Auschwitz.

Aed â hi i'r siambr nwy yn fuan wedyn.

Nid oedd gan neb hawl i fwy nag un cês.

Tybed beth roddodd Hana yn ei chês hi?

Byddai Hana yn chwe deg naw oed erbyn hyn, ond daeth ei bywyd i ben pan oedd hi'n dair ar ddeg.

Sut eneth oedd hi tybed?

Yr ychydig luniau a dynnodd pan oedd yn Terezin – dyna'r unig bethau a adawodd i ni.

Beth mae'r lluniau hyn yn ei ddweud wrthym?

Atgofion hapus am ei theulu?

Ei dymuniadau a'i breuddwydion i'r dyfodol?

Pam y cafodd hi ei lladd?

Am un rheswm yn unig.

Oherwydd iddi gael ei geni'n Iddewes.

Enw: Hana Brady. Dyddiad geni: Mai 16, 1931.

Plentyn amddifad.

Yr ydym ni, Yr Adenydd Bychain, am roi gwybod i bob plentyn yn Siapan beth ddigwyddodd i Hana.

Ni fyddwn ni, Yr Adenydd Bychain, fyth yn anghofio beth ddigwyddodd i filiwn a hanner o blant Iddewig.

Gallwn ni'r plant wneud gwahaniaeth drwy helpu i greu heddwch yn y byd – fel na fydd i'r Holocost byth ddigwydd eto.

Gan yr Adenydd Bychain, Rhagfyr 2000, Tokyo, Siapan.
Cyfieithwyd o'r Siapanaeg gan Fumiko Ishioka.

Atodiad

Mae cês Hana yn dal ar ei daith.

Wedi iddynt dreulio peth amser gyda phlant Canolfan yr Holocost yn Tokyo, bu George a Lara Brady, ynghyd â Fumiko Ishioka a Maiko Kurihara, arweinydd Yr Adenydd Bychain, yn ymweld â Hiroshima er mwyn rhannu stori Hana â myfyrwyr ac athrawon yno.

Er mis Mai 2002, mae'r arddangosfa 'Yr Holocost Drwy Lygaid Plant' wedi teithio i dros hanner cant o fannau o gwmpas Siapan ac wedi cael ei gweld gan dros 52,000 o bobl.

George Brady, Fumiko Ishioka a chês Hana.

Diolchiadau

Mae fy niolch yn bennaf oll i George Brady a Fumiko Ishioka. Eu stori hwy yw hon. Bu help y naill a'r llall, gydag ymroddiad a haelioni arbennig, yn fodd i ddod â'r llyfr hwn i fod. Mae'r ddau ohonynt yn gymeriadau cadarn a thosturiol iawn, eu bryd ar wneud y byd yn lle gwell a chadw'r cof o Hana Brady yn fyw, a'i hanrhydeddu. Rwy'n eu hedmygu'n fawr.

Neidiodd fy nghalon y tro cyntaf i mi ddarllen hanes cês Hana mewn erthygl gan Paul Lungen yn y *Canadian Jewish News*. Gwnaeth y stori'r fath argraff arnaf fel y penderfynais ailafael yn fy ngwaith a chynhyrchu fy rhaglen ddogfen gyntaf wedi seibiant o ddeuddeng mlynedd. Canlyniad hynny oedd 'Cês Hana', a ddarlledwyd yn y gyfres *The Sunday Edition* ar Radio Un CBC yn Ionawr, 2001.

Daeth yr alwad ffôn gyntaf a dderbyniais wedi'r darllediad oddi wrth Margie Wolfe. Dywedodd wrthyf, yn ei dagrau, fod yn rhaid i mi fynd ati i ysgrifennu'r llyfr hwn ar unwaith. Mae Margie yn un o'r bobl yr ydw i'n eu hedmygu fwyaf yn y byd i gyd – ffrind y tu hwnt o ffyddlon, merch hwyliog, llawn afiaith sy'n fôr o dalent ac un y gallaf gyfeirio ati bellach, â thafod mewn boch, fel 'fy nghyhoeddwr'.

Ynghyd â Margie, daeth Sarah Swartz â chyffyrddiad clir a hynaws i'r broses o olygu. Gwnaeth Jeffrey Canton, yn ogystal â merched y *Second Story Press*, Carolyn Foster a Laura McCurdy, gyfraniadau pwysig hefyd. Fe ŵyr Reynold Gonsalves y byddai fy mywyd yn llawer mwy cymhleth nag ydyw eisoes heb ei amynedd a'i ddawn ef yn yr orsaf radio ac ar y cyfrifiadur. Diolch hefyd i Carmelita Tenerife am ei gofal cynhaliol ac i Teresa Brady am ei charedigrwydd.

Bu fy nghylch rhyfeddol o ffrindiau yn rhan hanfodol o'r prosiect, bob amser yn barod i roi hwb i'm hyder, i warchod, a bod yn gefn i mi: Susanne Boyce, Cate Cochran, Joy Crysdale, Brooke Forbes, Francine Pelletier, Geraldine Sherman a Talin Vartanian. Hoffwn ddiolch yn arbennig i Madeline Cochran, naw oed, am fod yn un o'r rhai cyntaf i ddarllen y deipysgrif. Roedd ei hawgrymiadau hi (a rhai ei mam) yn ardderchog!

Ni allai'r un ferch ofyn am fwy o gefnogaeth ac anogaeth gan ei rhieni. Dysgodd Helen, fy mam, a Gil fy nhad fi (ymysg sawl peth arall) i fawrygu'r frwydr i fyw, i ddysgu am y gorffennol ac i ymladd am well dyfodol. Rhoesant i mi'r chwaer fawr orau bosibl, Ruthie Tamara, sydd wedi fy nghefnogi ym mhob dull a modd.

Credai Michael Enright – fy nghariad a'm partner – y gallwn ysgrifennu llyfr ymhell cyn i mi hyd yn oed ystyried y peth, ac ni fyddai byth yn colli cyfle i ddweud hynny. Roedd ei hyder ynof, a'i frwdfrydedd heintus ynglŷn â'r prosiect hwn, yn fy nychryn ac yn fy ngwefreiddio ar yr un pryd. Rhoddodd i mi, bob cam o'r daith, y gynhaliaeth yr o'n i ei heisiau, yr anogaeth yr o'n i ei hangen a'r lle i weithio. Rydw i'n wirioneddol ddiolchgar am hyn i gyd. Rydw i hefyd yn ddyledus i'r teulu Enright – Daniel, Anthony a Nancy – am fod mor driw i mi.

Mae fy mab – Gabriel Zev Enright Levine – yn chwech oed ar hyn o bryd ac yn rhy ifanc i allu gwerthfawrogi stori Hana. Ond pan fydd yn ddigon hen i ddeall, fe ddarllena i'r stori iddo. Rydw i'n gobeithio y bydd hanes Hana, George a Fumiko yn ei hudo yntau. Rydw i'n gobeithio hefyd y bydd yn dysgu o'r stori hon pa mor bwysig yw hanes, ac y gall pobl dda a gweithredoedd da wneud gwahaniaeth er gwaethaf yr anfadwaith mwyaf erchyll.